フロー・カンパニー

飛躍し続ける
個人と組織に生まれ変わる法則

エミネクロス代表
辻 秀一

FLOW COMPANY

ビジネス社

プロローグ　フローは企業戦略である

時間を忘れるほど夢中になった体験はありますか？

仕事でも勉強でも、あるいは趣味や社会活動、子育てなどの場面においても、ある期間、一つのことに夢中になって没入した経験が誰にもあるはずだ。

こういうときはたいてい、そのことがすべてにおいて優先し、時間も忘れるほどのめり込む。報酬や見返りなどはまったく気にならず、ただ、そのことに没頭していることが何よりも楽しく、その時間が充実している。そして、驚くほど短期間でめきめき腕が上達したり成果も上がっていく。そんな感覚を覚えたはずである。

場合によっては、そのことに没頭するための願ってもない状態が、頼みもしないのに、突然、自分の元に次々と舞い込んでくるような、そんな不思議な体験をしている人がいるかもしれない。

このような心の状態をなんと解釈したらよいのか、あるいは、どのようにすればこのような状態が訪れるのか、ということに興味を持った心理学者がいた。

イタリア生まれのハンガリー人で、現在はアメリカ・シカゴ大学教授として活躍するミハイ・チクセントミハイ氏である。

彼は一九七〇年代の半ばに、このような極めて高次元の集中力を生み出す精神状態に着目し、「フロー（ＦＬＯＷ）」と名付けた。以来、三〇年以上たったいまでも、シカゴ大学を拠点に、世界的な研究者とのネットワークを通じて大掛かりな調査・研究を続けている。

この研究によれば、フローとは、「一つの活動に深く没入しているので他の何ものも問題とならなくなる状態、その経験それ自体が非常に楽しいので、純粋にそれをするということのために多くの時間や労力を費やすような状態」（『フロー体験　喜びの現象学』ミハイ・チクセントミハイ著、今村浩明訳、世界思想社刊）となる。

平たく言えば、フローとは、人間にとってもっとも生産性の高い幸福感に満ちた精神状態のことである。

ではいったい、人間の幸せとは何なのか。

いわく、お金や家族があって、似たような環境でも、幸せな人とそうでない人がいるということは、環境そのものが幸せをもたらすのではなく、幸せを規定するかどうかを決定しているのは、ただ自分の心である。

そして、お金や家族、あるいは、地位や名声といったものは、幸せを喚起しやすい環境要因となり得るけれども、それのみで幸せを感じるわけではなく、実は、それらを得ようとする過程、つまり、お金を儲けようと日々努力する過程に、家族を育むための育児や家事労働の過程に、地位や名声を得ようとして働く日々の労働や社会活動の過程において発生する精神状態に起因するのである。

そのときには、本来の目的であったお金や家族、地位や名声といった結果はさして重要ではなくなるが、実は行為そのものが目的化されていくことで、かえって好ましい結果を招き、新しい地位が与えられ、環境が改善される。この循環によって幸福感がより高まっていくという。

さらに、結果のことはあまり考えず、夢中になって仕事に没頭しているときのほうがハイパフォーマンスで、その結果、より目標も達成できるのだということは、心理学的に証明されている。

本書において提案していく〝辻メソッド〟も、基本的に、チクセントミハイ氏が唱えたフロー理論を土台にし、私の専門であるスポーツ心理学の要素を加えて、より実践的に使える応用心理学として発展させたものである。

フローは、次世代企業の最優先戦略

夢中になってそのことにのめり込んでいる状態、精神的に極めて充実し、楽しくて仕方ないという時間を過ごすことが可能になり、パフォーマンスも向上し結果を得られる。これがフローな状態であり、そうした個人の集団がフローな組織となる。

こうした精神状態を意識してつくり出し、恒常的に仕事の場で発揮することができたら、いつでもハイパフォーマーでいられ、その上に、苦しく辛かった仕事そのものが幸せな時間となり、むしろ進んで業務にまい進したくなるほどのめり込む状態になる。能力もめきめき向上し、結果として、成果も上がりやすくなる。すると、もっとやりがいのある仕事をつくったり、働きかけるようになり、さらなるフローが得られやすくなるという好循環を生み出す。

このようにフロー（Flow）で生きる人をFlowな人ということで、私はFlower（フラワー）すなわち「華」と呼称している。フローで生きる人には華があるのだ。さて、あなたはFlowerですか？

また、こうした好循環は個人だけにもたらされるわけではなく、組織論、マネジメント論に応用させることで、組織に所属するメンバーにフローをもたらし、あるいは、組織そのものにフローを起こすことさえ可能になる。すなわち Flower の集まる組織こそが健全で勝利することになるのだ。

そうなれば、組織が抱えている悩み、課題、その中にいるすべての人の悩みや課題が解決し、人も組織も元気に生まれ変わり、ひいてはこの日本全体、世界全体のすべての悩みや課題さえ解決へ導くかもしれない。

フローとは、そういう壮大なポテンシャルを持っている。

ただ、フローというものを理解するのは、なかなか難しい作業である。

その理由は「心の状態」という内なる状態で表面的ではないこと、一人一人、場面、場面で違うフローがあること、定量化したり数値化して把握しにくいことなどのためだ。

本書ではまず、フローというものは何か、どういう状態かということを理解するところから入っていただく。次に、フローになるとどんなよいことがあるのかという価値のフェーズ、そして、どうやったらフローな自分になれるのか、あるいは、フローな組織が実現するのかという最終フェーズに移る。以上、この三つが辻メソッドのコアになっている。

実際に私が組織の中に入って、フローのトレーニングを行い、徐々によいことが起こり始めている例なども織り込んでいくので参考にしていただければと思う。

心という内面の話なので、いささかとっつきにくい、あるいはわかりにくいと思われるかもしれない。ただ、あまりあれこれ気にせず、まずは読み進めていってほしい。読み進めるうちに、あなたは心の中で少しずつフローな状態の本質に気づき始めるはずである。

楽しく、かつ、ハイパフォーマンスであるというフローな状態は、悩める個人、たこつぼ化してきた組織、企業、そして閉塞感ただよう現代社会を救う、唯一といっても過言ではない概念であり、もはや避けがたい戦略の一つなのだと私は確信している。

プロローグ　フローは企業戦略である

第1章　フローがパフォーマンスを決定する

第2章 フローとはいったいどういう状態か

第3章 フローを知識化・意識化・下意識化する

第4章 フローに生きるための思考法

第5章　フロー・カンパニーへの道

第1章　フローがパフォーマンスを決定する

現代社会とストレス

いま、世の中の企業では、すべてにおいて結果が問われるようになり、結果からものを見る習慣が徹頭徹尾貫かれている。「人間としてはいいやつだから」と、評価してくれるわけではない。有名大学を優秀な成績で卒業しても、入社してしまえば評価されるのは唯一結果だ。よい意味でも悪い意味でも、すべては無機質な結果によって機械的に判断される。

そして、結果を得るために、社員に何を求めるかというと、パフォーマンスを上げろという。つまり、「仕事や働く量や効率をより上げろ！」ということだ。

ただ、いまの時代、結果を出すのは容易ではない。物が売れない時代、不確実性の時代だといわれる。どんなにがんばって走り回っても、知恵を絞ってアイデアを絞り出しても、なかなか結果がともなわないことも多い。

結果が上がりにくい分は、長時間労働でカバーするしかない。一日五件の客先を訪問しても契約がもらえなければ、一〇件に増やす。一通りの提案では満足してもらえなければ、二通り、三通りのプランを用意する必要がある。そのために、作業量は膨大に増えていく。

さらに残業のあとでも休む暇はない。世の中には情報があふれ、経営やマネジメント、各業務におけるノウハウや業務知識は極限にまで洗練され、ひと通り修得するまでに気の遠くなるような努力と修練を要する。スキルを手に入れなければ、個人としても組織としてもライバルに負けてしまうから、結果を上げるためにはこれも避けて通れない。眠い目をこすり、参考書を広げて資格試験の勉強やセルフマネジメントの訓練、昇進試験の勉強に明け暮れる。

このような生活が、楽しいはずはない。結果として、現代人は四六時中襲ってくるストレスにさいなまれ、押しつぶされそうになりながら、なんとか踏みとどまっている。

いったいいつから、働くことは、こんなにしんどいことになってしまったのか。おそらく、終身雇用制や年功序列制がまだ日本の企業文化として生きていた時代には、肉体的に辛くても、精神的にはもっと充実していたかもしれない。景気低迷、グローバル化を背景にして成果主義が声高に叫ばれるようになり、成果、結果しか重視しなくなったころから、どうもおかしくなっていったようだ。

結果は、あくまで結果である。未来のことは誰も予知できないのに、その予知できない未来を先に約束してしまえば、目に見えないストレスが絶対にかかる。そして、ストレスはパフォーマンスにネガティブ・フィードバックをかける。プレッシャーがかかる。すると、本来の能力が一〇〇％発揮できず、必ずパフォーマンスが下がる、あるいは発揮しにくくなる。この果てに、本来、求めていた結果の達成をかえって危うくしてしまうのである。

心のストレスはパフォーマンスを下げる

世の中ほとんどすべての人が、少なくとも仕事をしていく上で、このような構造の中でがんばっている。結果を出すということは、自分の元気を犠牲にすることだとみんな信じ込んでいる。

たとえばこういうことだ。

月初めのミーティングの席で、課長がこわばった顔で課員を見回すと、おもむろに言った。

「今月の我が課のノルマが、先ほど本社から通知されました」

みんなは、課長の発する次の言葉を、固唾を呑んで見守る。

「今月の我が課の目標は、前月比二〇〇％です」

その瞬間、ある者は天を仰ぎ、ある者は苦虫を嚙み潰したように顔をゆがめて舌打ちし、ある者は頭を抱え込んだ。

「先月だって、相当がんばって数字を出したのに、今月はその倍なんて。こりゃあ、今月は地獄だな」

その場にいた課員たちの心境を代弁すれば、こんなところだろう。

そんなみんなの心境を課長も痛いほどわかっている。無茶な目標だとわかっているが、会社が決めた数字だから、無理を承知でとにかくみんなにやってもらうしかない。

「みんな、大変なのはわかっているけれど、腹をくってがんばっていきましょう」

そう、精一杯の檄を飛ばした。

そうとうしんどいことになることを承知で、「大変だけど耐えてしのんでがんばろう」と言うだけしかないのだから、理不尽な話である。そして、こんな話が、おそらく、日本中の職場で、常日頃、普通におこなわれているに違いないのである。

結果を重んじて、その達成のためにパフォーマンスを上げなければならないという構造は、人間に必ずストレスを生む。これは、「りんごが木から落ちる」ぐらいの普遍的な法則なのである。

それでも、仕事なのだから仕方ない、結果は落とせない↓なぜなら、結果を出さないと会社が倒産してしまう。自分の地位も維持できない↓結果を出すのは会社のためでもあるけれども、結局はそれが自分のためである↓どんなに無茶だと思っても、骨身を削ってがんばり、なんとか達成するしかない……と。

そうやってネガティブ・スパイラルの渦に巻き込まれ、元気が奪われる。そのままではストレスでどうにかなってしまうから、憂さ晴らしに飲みに行って、愚痴を言い合ってつかの間の安息を得る。そうして、会社や上司からの理不尽な要求に耐えつつ、無理を押してがんばっていると、精神構造はどんどん悪くなる。生活習慣もどんどん悪化する。この結果、最悪は、うつ病に罹患するか、生活習慣病を発症するかして、仕事ができなくなってしまう。

みんな、そこまでいかないまでも、ぎりぎりのところでなんとかピリピリしながらもがんばって耐えている状態だ。

そんな状態で、仮になんとか結果を出したとしても、「ほっ」とするだけで、達成感や充実感はない。その日一日ぐらいは、久しぶりにうまい酒が飲めるかもしれないが、翌日になればまた新たな目標が課せられる。結局は、この構造から逃れることはできないのだ。

結果（成果・目標）をコミットしない人の出現

すると、世の中のビジネスパーソンたちは、すべからくうつ病予備軍、あるいは、生活習慣病予備軍であり、そのうちにばたばたと病に倒れていっても不思議はない。確かに、うつ病や生活習慣病の患者は急激に増えている。

さらに、いまはなんとか仕事はしている、または病気にはなっていないという人も、元気かというと、そうは見えない。無表情であったり、無口であったり……。

人間というのは、外的なストレス状況に対して、それを真に受けてしまうだけではなく、受け流すことで生き残るすべを知っている。あまりにも激しいストレスに襲われて、なんとかがんばって耐えていられるうちはよいが、そのうちに、「これ以上ストレスを受け続けると身が持たない」という閾値を越えてしまう。そうなると、健康を害し、最悪は死んでしまうから、その前に防衛本能が働く。

すなわち、結果を求められることによるストレスが問題なのであるから、このストレス状態から逃れるために、「結果に対するコミットメントを受け流す」という回避方法を現代人は見つけてしまった。

会社や上司から与えられているミッション、あるいは、ノルマに対しての達成義務を自分から切り離し、自分の責任だと思う範囲のことを自分で規定して、それだけを達成すれば事足れりとする精神構造をつくっていくことになる。

たとえば、新商品のプロジェクトチームに参加した場合を想定してみよう。

プロジェクトチームには、「一〇〇億円売れる商品を作れ」というミッションが与えられた。そこで、みんなで知恵を出し合って考えるが、「一〇〇億円」などという結果にコミットしてしまうと、ストレスに耐えられなくなってしまう。

そこで、自分が商品開発部の所属ならば、営業や企画から言われた要望を全部聞いて、その通りの仕様の商品を開発する。心の中では、「こんな商品は一〇〇億円も売れない」とは思いつつ、そんなことは決して言わない。「もっとこうしたほうがよい」などという意見を出そうものなら、自分のアイデアで製品化されたということになってしまい、自分

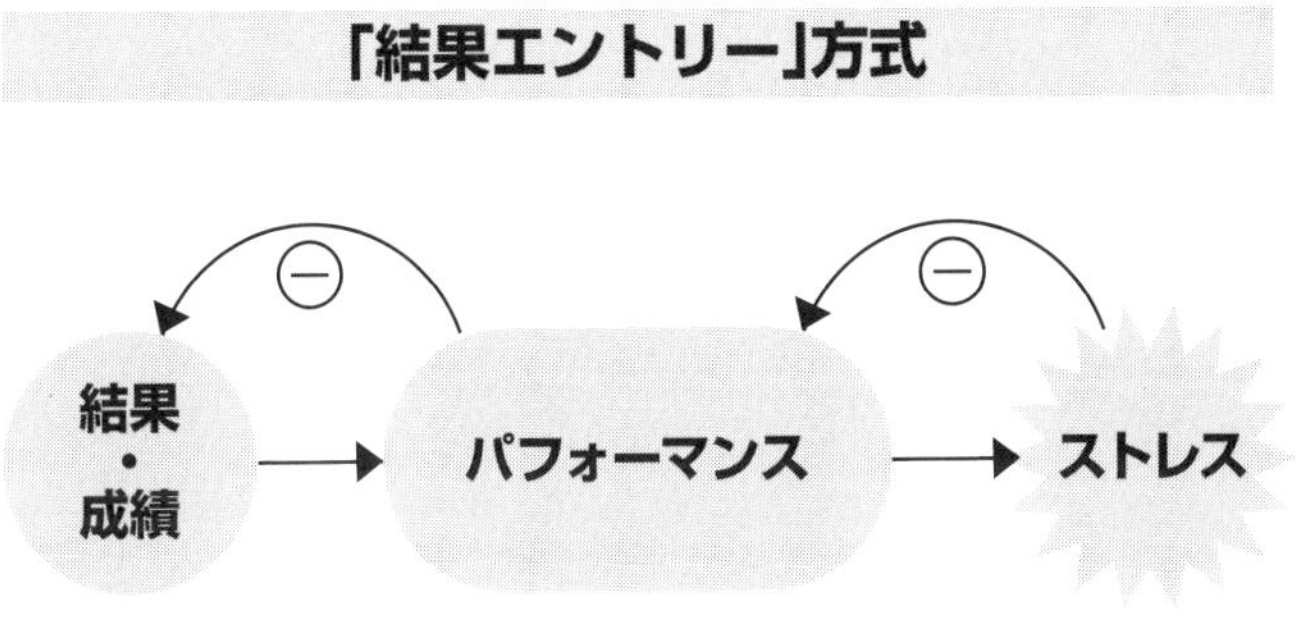

結果エントリーのパフォーマンスはストレスを生む。ストレスはパフォーマンスを下げ、結果が出にくくなる。次第にネガティブのスパイラルに陥る。

にその責任がかかってくるからだ。

その結果、目標に届かなくて一〇〇億円売れなくても、「営業や企画の言う通りの商品を忠実に作ったのだから、俺に責任はない」と言えてしまう。

そして実は、こうしたことを一人だけがやっているわけではない。

この場合でいうと、商品開発部だけがそんなつもりでメンバーに参加しているわけではなく、実は、営業や企画の人間も同様の回避行動をとろうとしてお互いにけん制している。自分の責任範囲は果たしている気でいるから、営業部は「俺のせいじゃない。商品が悪いからだ。マーケティングが甘いんだ」と言える。企画は、「企画はよいのに、商品開発が遅くなって時期を逸したんだ。俺のせいじゃない」と言える。

彼らは、一見するとある意味での仕事人ともとれる。自分の責任範囲と自分で規定したことについては、責任を持って取り組むし、その力を持っている場合が多い。しかし、結果にコミットするような立場を極端に嫌い、避けようとする。このために、やる気のある一部の人に責任を押し付けるか、さもなければ、全員がけん制しあって誰も責任をとらないということになる。

これはとても重要な問題なので、後でさらに詳しく検証するが、とにかくいま、こういう事態が常態化し、「不機嫌な職場」に陥っているのである。

結果エントリー思考の弊害

結果に対するコミットメントを自分からそらして、ストレスを一時的にリリースしてしまうという新たな社会問題の解決法は別の機会に触れるとして、いま緊急に考えなければならないのは、ストレスをまともに受けてしまっている人たちである。

この人たちは、ほうっておけば、精神を病むか、身体を壊すかしてしまう。そうなれば、企業にとっても損失になるからということで、健康診断を強化したり、メンタルヘルスの改善のために精神科医やカウンセラーを社内に常駐させたり、多大なお金を投入してなんとか発症を抑えようと取り組んでいる。

しかし、これは対症療法に過ぎない。原因は、結果や成果を重視し過ぎることによる強烈なプレッシャーであり、起こった結果のうつ病や生活習慣病に対処しようとするのは、もぐらたたきのようなもので、いくらやってもきりがない。

つまり、結果から考えて物事に取り組む、「結果エントリー」方式をやめない限り、ストレスの地獄から人々は逃れることはできない。それなのに、会社だけではなく、個人においても、結果を唯一無二とする考え方を転換できないでいる。

それはなぜか。

人間というのは、見えやすいものが気になるからである。結果というのは、誰から見てもはっきりと判断できる。仕事においては数値化しやすい。つまりわかりやすいのだ。

期中の予算の達成を順調に消化してれば、「ＯＫ、ＯＫ、このままいけば大丈夫」ということになるが、少しでも下回っていようものなら「大丈夫か？」となる。そこで部下が、「みんなの士気は落ちていないし、雰囲気はいいから大丈夫ですよ」と言っても、「予定を下回っているなら、のんびりしている場合じゃないだろう。もっとみんなに発破かけてくれよ」となる。せっかくよい雰囲気で士気も上がっているのに、上司が余計な横槍を入れて、かえって部下のやる気を萎えさせるようなことが起こりがちになる。

結果エントリーで、結果のことしか見えていないから、単に気が緩んで怠慢になっているのと、環境的な要因で実績が出にくいが、士気は高く雰囲気は盛り上がっているのと、どちらなのか見分けがつかない。そうしてますます、わかりやすい結果に固執してしまう。

そうして、みんなが元気を犠牲にして、なんとかパフォーマンスを維持し、結果を出そうと苦心惨憺《さんたん》を重ねる。しかし、ストレスがかかってパフォーマンスの足を引っ張るから、結果の達成がどうも怪しくなり、そこでさらに結果に対するプレッシャーを強化する。これによってストレスはますます増加する。というネガティブ・スパイラルの渦にはまり込んでしまうのだ。

現状、多くの人、企業が、このような結果エントリー方式で占められていると言ってよいだろう。

この状況を打開できるのが、フロー理論である。

結果エントリーによってネガティブ・スパイラルにはまり込んでしまう状態に対して、

フローエントリー方式は一気に逆回転にもっていくことができる。

すなわち、楽しく、元気が出て、パフォーマンスが最高潮に達し、そのパフォーマンスにふさわしい結果を手にすることができるという状態である。結果がよいから、さらに元気が出て、待遇もよくなり、環境も改善され、さらにフローが起こりやすくなり、パフォーマンスが上がって、もっと結果がよくなるというポジティブ・スパイラルへと劇的に変化する。

また、フローエントリー方式のよいところは、特別な素質や才能によるところが少ないことである。誰でもどんな組織でもフローになれる。ただ、考え方を変え、それに即した行動を意識してとるということだ。たったこれだけのことで、それまでの人生とはまったく違うステージがやってくる。

結果から心へ、ストレスからフローへ

結果を出すためにパフォーマンスをなんとか上げようとして、そのために元気を犠牲にし、心を病んでいくというネガティブ・スパイラルに対して、フローはその流れを逆回転

にできるという理由は簡単である。フローは、結果エントリーとはまったく逆に、心から入っていく「心エントリー」の考え方だからである。

心エントリーの人は、結果エントリーの人とどのような違いがあるのか。心エントリーの人は、一日の始まりにあたって、「今日も、よい心の状態でいこう」と念じて仕事に入る。

普通、そんな人はいない。

今日もまた、厳しい現状に向かっていく気力を振り絞るために、精一杯の力を出して、「今日もがんばろう」と自分に言い聞かせるのが普通だろう。

一日の仕事が始まるときというのは、すでに通勤で疲れていることも少なくなくて、結果に追いまくられるいつもの日常に向かうというだけで、だいたい憂鬱なものではないだろうか。

これに対して心エントリーの人は、常によい心の状態を保つことを心がけている。心の状態を第一に考えている。こういう人は、前日に何があっても、朝出がけに嫌なことがあっても、仕事にとりかかるときには、もうよい心の状態が整っている。

実はこの違いが、結局は結果に極めて大きな差異を生む。

結果エントリーの人は、心の状態に注意を払っていないから、外部要因によって心がいつもぐらぐら揺れ動いている。たとえば、朝起きて、雨が降っていると、もう「やだな～」と心が萎える。会社に着いて、「今日の仕事は何だっけ」と確認してみたら、きつい仕事の日だった。もうこうなるとモチベーションは最低である。そんな心の状態で、最高のパフォーマンスを望むのは難しいだろう。

結果エントリーの人でも、たまたまよいことが起これば、心の状態もプラスになるけれど、世の中はよいことばかりが起こるわけではなく、悪いことも起こるから、プラスとマイナスを行ったり来たりする。いまのストレスフルな時代は悪いことのほうが多いので、結果として、心がマイナス状態の時間帯が圧倒的に多くなってしまう。

すると、パフォーマンスが相対的に低下し、結果はどんどん悪くなり、落ち込んで元気をなくし、パフォーマンスがさらに影響を受けて下がるという悪循環に陥っていく。

これに対して、心エントリーになると、よい心の状態を保ちやすくなり、一日の中で、フローな時間を多く持っている。極めた人は常にフロー状態だ。

朝起きたら雨が降っていても、前日に嫌なことがあっても、常に心をよい状態にしようとする習慣とそれを実現する心の力を磨くことができれば、外的状況に左右されず、フロー状態を起こしやすくできる。それこそ、自分のためとなる。

「フローエントリー」方式

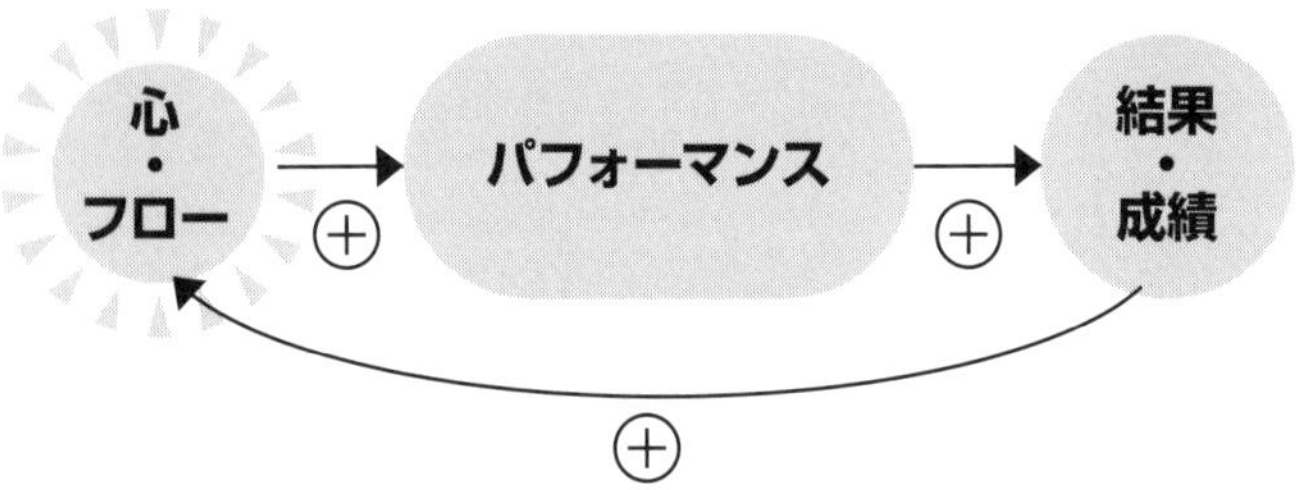

心エントリーとはフローな心の状態でまず生き、働くようにすること。そうすれば自然にパフォーマンスが上がり、結果はやってくる。それがまたフローを生み、ポジティブ・スパイラルとなる。

このフローな状態（心エントリー）をひと言で言えば、「揺らがず・とらわれず」ということになる。

ストレスな状態（結果エントリー）の人はこの逆で、「揺らいで・とらわれ」ている。こういう心の状態では、必ずパフォーマンスは落ちる。

心が「揺らいで・とらわれる」と、パフォーマンスに負の相関が現れ、「揺らがず・とらわれず」になると、パフォーマンスに正の相関が現れることとは、心理学的に実証されている。そのことについては後ほど詳しく触れる。

要するに、結果に心を縛られてはいけないということだ。予知できない結果を約束してしまえば、いらないことに心をとらわれ、外部要因のちょっとした変化で心はすぐに揺らいでしまうだろう。

結果を出すためには、結果ではなく心に着目し、あらゆる変化に対応して、いつでもフローという心の状態をつくれるようにすることである。一日のフローの時間が増えれば増えるほど、おのずとパフォーマンスが上がる。パフォーマンスが上がれば、当然、それにふさわしい結果がついてくる。

つまり、いままで元気を犠牲にしてパフォーマンスを無理に上げて、ある程度の結果を出しながらも、その代償としてストレスにさいなまれていた個人や組織が、結果エントリーから心エントリーへ、ストレスからフローへと発想の転換をするだけで、パフォーマンスが自然に向上し、結果は必然的によくなり、いつも元気がみなぎっている状態を得ることができるのである。

勝敗を分けた心の状態

一日中、どんなことをやっていても、常に心は存在している。ご飯を食べているときも、電車に乗っているときも、会議中でも、プレゼンの最中でも、居酒屋で同僚と酒を飲んでいるときも、寝ているときでさえ、心は常に存在している。

そして心とパフォーマンスは、常に相関の関係にあり、それぞれのパフォーマンスに常に影響を与えている。心の状態がプラスとマイナスを行ったり来たりしているということは、それぞれの行為におけるパフォーマンスによいときと悪いときの差が出てしまい、いつも不安定な状態だということである。そして、結果エントリーで、元気を失う行動パターンを繰り返していると、心はマイナス状態にどっかり腰を下ろしてしまうことが多くなるから、パフォーマンスはいつも悪い状態が続く。

こういう話をすると、ロジックとしてはみんな理解してくれる。しかし、実際に、「結果エントリーの発想を捨てて、心エントリーの発想に切り替えよう」と言うと、これがなかなかできない。なぜなら、特に日本人の場合、何かを得るためには何かを犠牲にしなければならないという観念が根付いてしまっているからだ。

これはよくわかる。でも本当に結果を出している人はみんな心エントリーである。

この典型的な例が、トリノオリンピック（二〇〇六年）でフィギュアスケートの日本代表に選ばれた荒川静香選手と安藤美姫選手のケースだ。

私が見る限り、トリノのときの荒川静香選手は、心技体どれをとっても完璧だった。スケートの演技のことまでは専門家ではないが、心理状態で言うなら完全にフロー状態だったと言える。それは、事前の練習の様子や、マスコミのインタビューに対する受け答え、当日の演技に向かう表情を見ていれば、素人でもわかるはずだ。堂々としていて、気負いがなく、きりりと引き締まって実によい表情をしていた。

まったく揺らいでないし、とらわれていない。そうして、フローな心の状態だけがあの三分間にやってきた。四年に一回しかない、たった三分の大事な時間にフローになるということは、日々フローになることの意味を荒川静香選手はよくわかっていて、フローな時間を日々の生活の中から増やしていたはずだ。だから、ここ一番の大事なときにもフローになることができたのだろう。荒川静香こそ Flower（華）だったのである。つまり、心エントリーの集大成があの金メダルなのだ。

これに対して安藤美姫選手は、結果エントリーだった。国内予選では、ケガのために思うような結果が出なかったものの、これまでの実績が考慮されて出場した経緯があり、それだけに「勝たなければならない」というプレッシャーが人一倍強かったのだろう。

事前のインタビューでも、ずっと封印してきた四回転ジャンプを「トリノでは絶対に跳ぶ」と宣言するなど、明らかに気負っていた。その表情は、テレビの画面を通してわかるほど、見ていても痛々しいほど顔面蒼白、緊張でこわばっていた。練習の最中も、ケガが痛むのか、眉間に皺を寄せて辛そうな表情を見せていたことを記憶している人も多いだろう。結果はご存じの通り、演技に精彩を欠き、四回転ジャンプにも失敗。入賞さえ逃した。

これまでの実績から言えば、安藤美姫選手と荒川静香選手の実力は、互角か、むしろ、若くて伸び盛りだった安藤選手のほうが本質的な能力は上回っていたかもしれない。二人の明暗を分けたのは、まさに心の差だったと言って過言ではないだろう。

その証拠に、安藤選手はこの後、コーチを替えて心機一転出直したことで、見事に復活を果たしている。

トリノの翌年、二〇〇七年の世界選手権に出場した安藤選手は、表情も明るくなって、すっきりしていた。大会前のコメントにも気負いが消えて、自然体を維持している様子がよく現れていた。結果、当時新鋭だった浅田真央選手を破って世界一に返り咲いたのである。

フローな心の状態をつくることができるかどうかが、結果に大きく作用したことはまぎれもない事実なのである。

トリノオリンピックはちょっと昔かなと思う方もいるだろう。先におこなわれた北京オリンピックでもこの構造は明らかだった。金メダルしかないと結果エントリーで臨み、チームとして選手たちの心のフローはどこにあったのだろうかと思わせた野球・星野ジャパン。能力のあるプロがただ集まってパフォーマンス（プレイ）しても、そこに心がなければあのような結果になる。一方、女子ソフトボールチームのフロー状態は観ているものにも伝わってきた。お互いを信じ合い、全力を心がけている生き方を貫き、全員が Flower であった。その向こう側に金メダルという結果がやってきたのだ。フローな個人、フローな組織こそ結果を生む。Flower として生きるものこそ結果がやってくるのだという典型例に思えてならない。すなわち、フローは結果のための最重要手段なのだ。

心がパフォーマンスを決める

心とパフォーマンスは相関関係にあり、「揺らがず・とらわれず」の心の状態はパフォーマンスを上げ、「揺らいで・とらわれる」悪い状態ではパフォーマンスは下がると言った。これは、観念的にも納得しやすい話だと思うが、心理学の上でも理論的に解明されている。

心理学の中では、心を、冷たい海に浮かんだ氷山にたとえることがよくある。海の上に浮かんで見える部分は、実はほんの先端部分で、海の中にその数十倍の容積の氷が沈んでいる状態だ。このように、見えている部分よりも、見えにくい部分が大きい構造が、心のあり方とよく似ている。

まず、海面に出ている見える部分に注目する。この部分を、心理学では「セルフイメージ」と呼ぶ。セルフイメージとは、その瞬間の心のエネルギーのことを指す概念で、「セルフイメージが大きい」とか「セルイメージが小さい」と言い表す。

たとえば、出がけに雨が降ってきて、「いやだな〜、憂鬱だな〜」と思っているときは、心のエネルギーが落ちてきている状態なので、「セルフイメージが小さい」ということになる。会社に着いて仕事をしていたら、意外にあっさり片付いてしまい、早く帰れることになった。「ラッキー、まだ早いから、飲みに行こうかな」と思っているときは、心のエネルギーが高まっているので、「セルフイメージが大きい」ということになる。そして、鼻歌交じりで帰り支度をしていると、上司に呼び止められて残業を押し付けられてしまった。「え〜、せっかく早く帰れると思っていたのに」と思っているとき。こういうときは「セルフイメージが小さい」という。

心の状態

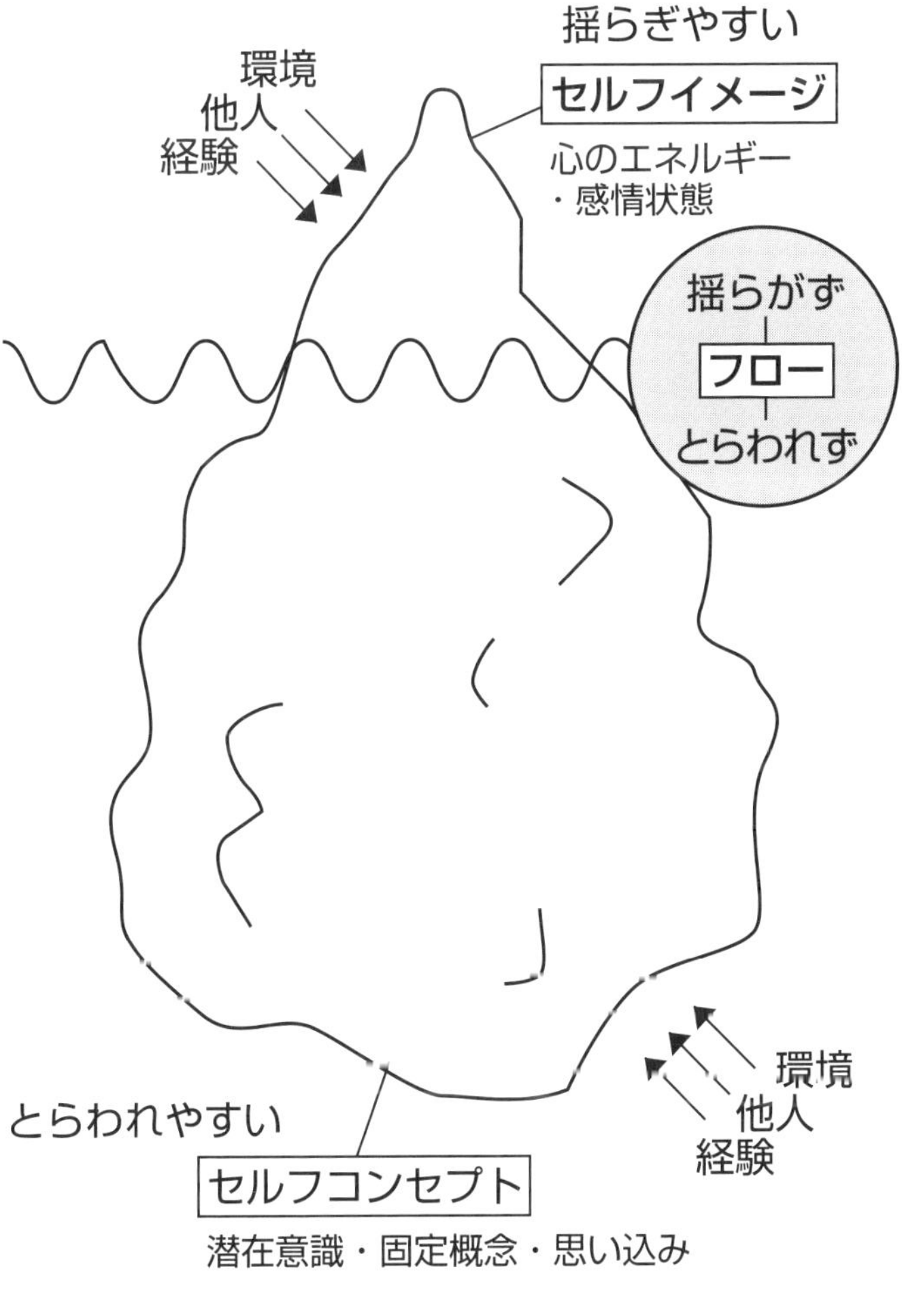
揺らぎやすい
セルフイメージ
心のエネルギー
・感情状態
環境
他人
経験
揺らがず
フロー
とらわれず
とらわれやすい
セルフコンセプト
潜在意識・固定概念・思い込み
環境
他人
経験

つまり、海面に出ている部分は、いつも一定ではなく、絶えず大きくなったり小さくなったりしている。

初めてこの理論をメンタルマネージメントとして世に言い出したのは、モントリオールオリンピック（一九七六年）のライフル射撃競技で金メダルを取ったラニー・バッシャム氏である。

射撃はパフォーマンスのちょっとした違いが勝敗を分けるスポーツである。

オリンピックルールだと、五〇メートル先にある一〇センチ×一〇センチの的を、伏射、立射、膝射の三姿勢で二〇発ずつ撃つ。真ん中に当たると一〇点で、端になるほど点数が減っていき、縁になると一点である。六〇発すべてをど真ん中に当てれば、六〇×一〇点で、計六〇〇点満点になる。

ところで、メダル争いをするとなると、何点台になるか想像できるだろうか。

なんと、オリンピックやワールドカップレベルになると、優勝者の総合点は、だいたいいつも五九五点を超える。ときには六〇〇点が出ることもあるという。

つまり、六〇発中、少なくとも九割以上にあたる五五発をど真ん中に当てなければ、優勝はまず無理。その上で、残り五発を九点以上にして、初めて優勝争いに加わることになる。一つでも八点台を出せば、銀メダルか銅メダルだ。それだけ高いレベルで競っているのであり、トップ選手になれば、バランスボールの上に乗った状態で的の真ん中を撃ち抜くなどという芸当ができるそうだ。

つまり、基本的には、どんな状態でも正確に的の真ん中を撃ち抜くことができる技術を持っているのに、ときに、微妙に的を外してしまう理由はどこにあるのか、ラニー・バッシャム氏は大いに悩んだ。というのは、モントリオールオリンピックにさかのぼること二年前、世界大会に出場したバッシャム氏は、そのころにはすでに実力世界一と言われ、ダントツの優勝候補だったのに、負けてしまったのである。それも、午前中の予選では一位通過していたのに、午後の決勝ラウンドに入った途端調子を崩し、逆転負けを喫してしまったのだと聞く。

思いあぐねた末に、彼は自分で研究を始めた。射撃以外の競技も含めて、世界のトップ選手たちにインタビューを繰り返し、結果得られたデータを分析したのである。

そして、ついに、心の存在を認識し、コントロールし、強い心を鍛える、「メンタル・マネジメント理論」を打ち立て、金メダルまでこぎつけたのである。

パフォーマンスを左右するセルフイメージ

この「セルフイメージ」にもいろいろな解釈、言い表し方があるのだが、私自身は、その瞬間の心のコンディション、エネルギーの度合いをセルフイメージと呼んでいる。

セルフイメージは、パフォーマンスに大きな影響を与えている。

たとえばこういう話である。

大事な商談があってお客さんのところに急いで向かっているときに、いつもより会社を早めに出たのにもかかわらず、たまたま電車の乗り継ぎが悪くて、思いのほか時間がかかり、焦って走っている。そんなときに、乗り換えで、「この電車に乗らないと、間違いなく遅刻してしまう」という電車がもうホームにきている。必死に階段を駆け上がり、ホームまで出たのに、無情にも目の前でドアが閉まってしまった。

どんな気分だろうか。

「ついてないな。もう間に合わないよ」

こんなところだろう。心のエネルギーが下がっている状態で、この瞬間、セルフイメージは小さくなっている。

次の電車を待つまでの間、仕方がないから資料でも読んでおこうと思い、カバンから取り出して開いて見る。しかし、気もそぞろで、読んでいてもあまり頭に入らない。

ここで重要なのは、文章読解力がなくなってしまったわけではないということだ。能力は持っているけれど、電車に乗り遅れて、セルフイメージが小さくなってしまったために、うまくその能力がアウトプットしない状態に陥っている。

こういうときにはよいアイデアも出てこない。遅刻の失敗をどう取り繕うか、そのことで頭がいっぱいになって、想像力を働かせている余地がない。でも、急にアイデア力がなくなってしまったわけではない。能力は持っているけれど、セルフイメージが小さいと、持っているアイデア力も出にくくなる。

では反対に、ここで、「もう間に合わない」と半ば諦めかけていた電車に、なんとかギリギリ間に合ったとすると、どうだろうか。

「よかった。今日はついているな。もう、これで大丈夫だ」

という心の状態が訪れる。これはセルフイメージが大きい状態だ。

こういうときはどうなるか。電車に乗っていて、つり革につかまって広告を読んでいるだけで、「あ、よいこと思いついちゃった」と、アイデアが閃いたりする。あるいは、席が空いたので座った途端、次の駅でお年寄りが乗ってきた。走ったので足は疲れているし、いまやっと座ったばかりだけれど、こういうときには、「はい、どうぞ」と躊躇なく席を譲れる。気分がよいからだ。

このように、セルフイメージは、本来持っている能力をその瞬間ごとにアウトプットするのを大きく左右し、パフォーマンスを調節しているのである。

これがわかっていないと、「勉強が足りないからだ」と勘違いして、企画書の書き方や話し方の勉強などを始める。本当は、実力はすでに備わっているけれど、セルフイメージが小さくなってしまったために発揮できないだけで、いくら勉強したところで、その瞬間のパフォーマンスを決定しているレギュレート・ファクターの存在と価値を知らなかったら、同じことの繰り返しである。

それは企業、組織においても同様である。プロジェクトの失敗や停滞の要因を、その内容ややり方のみに目を向けていないだろうか。失敗の本当の要因は、プロジェクトメンバーや社員のセルフイメージが小さくなっているからかもしれない。

セルフイメージを大きく安定化することの価値をわかって、そしてセルフイメージを大きくできる心の力を鍛え、安定化させることのできる心のスキルを持たない限り、ハイパフォーマンスの瞬間は来ないのである。

感情がセルフイメージの大きさを決める

その瞬間の自分のパフォーマンスは、その瞬間のセルフイメージの大きさで決まる。そして、このセルフイメージの大きな特徴は、常に一定ではなく、いろんな影響を受けて揺らぎ、大きくなったり小さくなったりを繰り返すことだ。

朝起きて天気が悪く、気が滅入っているとき、セルフイメージは小さくなっている。

←好きな音楽を聴いているうちに気分がのってきて大きくなる。

←朝食の玉子焼きをつくろうとしたら、玉子を切らしていてがっかりして小さくなる。

←　家を出て、通勤途中、恋人とメール交換して励まされセルフイメージは大きくなる。

←　けれど、メールに夢中になってカンバンに激突して痛い思いをして小さくなる。

←　駅で友人と久しぶりに会って懐かしさで大きくなって、電車が来て超満員でうんざりして小さくなる。

←　会社に着いて上司に嫌味を言われて小さくなって、昼飯に好きなランチを食べて大きくなって、午後の会議が長引いて小さくなって、夜同僚と飲みにいって憂さ晴らしして大きくなって、一人の部屋に帰って小さくなって、風呂に入って大きくなって……。

こうして、二四時間の中でセルフイメージが小さくなったり大きくなったりを延々と繰り返しているのが普通だ。

みんなこれが当然だと思っている。

しかしこれだと、決して自分の心はストレス状態からは逃れられない。状況にすべてを任せてしまい、セルフイメージが外的要因によって揺り動かされるままに委ねてしまっているからだ。

現在のように、外部にはストレスのタネに事欠かない社会の中では、セルフイメージが大きくなったり小さくなったりというより、小さいままでいる時間が長くなる。そして、セルフイメージが小さくなっているときには、パフォーマンスが落ちているのだから、停滞時間が長くなってしまうということになる。

ではどうすればよいのか。

セルフイメージが大きくなったり、小さくなったりする原因は、外部要因の変化である。しかし、その変化は自分ではコントロールできない。そこで、注目するのが、外部要因の変化によって自分の心に起こる感情の変化である。

なぜなら、セルフイメージが大きくなったり小さくなったりを繰り返す大きな要因は、その瞬間に持っている人間の感情が変化するからである。

機械が一定のパフォーマンスを上げ続けることができるのは、感情で動いていないからであり、したがって、機械にはセルフイメージというものがない。エネルギーが供給され続け、故障しない限りは、極めて正確に一定のパフォーマンスを上げ続ける。

人間には感情がある。電車に乗り遅れて、「くっそー、ついてない」という感情が沸き起こる。ぎりぎり間に合うと、「やったー、ついてる！」という感情が沸き起こる。セルフイメージが大きくなるときに存在している感情はプラスな感情で、セルフイメージが小さくなるときに存在している感情がマイナスな感情だ。

外部要因は自分ではコントロールできない。セルフイメージの大きさも、自分で意識して直接コントロールすることはできない。しかし、自分の感情は自分である程度コントロールすることができるはずだ。

すなわち、「自分にはいま、マイナスナ感情が起こっている」と気づいたら、セルフイメージが小さくなり始めているということだから、ほうっておけばパフォーマンスが下がってしまう。そこで、感情をコントロールして、セルフイメージを安定させることに努めればよい。

これは、一時注目されたＥＱ理論を思い出せば納得がいくかもしれない。ＥＱとは、日本語にすると「感情指数」のことで、自分の感情をコントロールすることを一つのスキルと捉え、この力を持っている人ほど社会的に成功しやすいという理論である。

ＥＱ理論では、感情指数が低いと、人とコミュニケーションがうまくとれなかったり、リーダーシップが発揮できなかったりして、結果、自分の持っている能力がうまく生かせないということになっている。実は、感情の起伏は、直接、自分の持っているパフォーマンスに影響を与えていたのである。

行動の方向を決めるセルフコンセプト

次に、セルフイメージの下にある、海の中に隠れて見えにくい部分に注目する。この部分を、心理学ではセルフコンセプトという。

セルフイメージは感情とリンクしており、感情は自分で気づくことができるので、自分のセルフイメージが大きいか小さいかは、気づこうと思えば気づくことができるし、ある程度ならコントロールすることもできる。

しかし、セルフコンセプトは、見えない、あるいは見えにくい部分にある。潜在意識の中にあるトラウマ、固定概念、思い込みといったものだ。まとめて私は「とらわれ」と呼んでいる。こういうものは、自分で気づくことはなかなか難しい。気づいたとしても、意志の力で変えるのは、さらに難しい。

そして、セルフコンセプトの中には、比較的に軽度の「表層性のとらわれ」と、重度の「深層性のとらわれ」がある。「表層性のとらわれ」は、簡単なことでとらわれるけれど、簡単に払拭される。一方の「深層性のとらわれ」は、根が深くて頑固である。

このセルフコンセプトはどんな働きをしているのかというと、パフォーマンスの向きを決めているのである。自分の思考のパターン、行動のパターンは、潜在意識の中にある自分の固定概念の「とらわれ」によって決められているということだ。

実際に、私がトレーニングを依頼された人の中にも、こういう例はたくさんある。

あるゴルファーは、「僕は、上がり三ホールでいつも叩いてしまうんですよ」と嘆いていた。これはもうすでにとらわれている状態だ。「上がり三ホールは必ず叩く。俺はそういう人間だ」と思っているから、第一五ホールまでどんなによいゴルフをしても、残り三ホールで必ず叩いて終わるようになる。

彼は「どうしてもだめなんですよね」とぼやいていたが、合理的に考えれば、おかしな話である。

コースとか、一緒にラウンドした相手とか、天候が違っても、いつも同じ結果を招くとしたら、それは自分の心が招いている結果として見る以外にあり得ない。残り三ホールになると、急に腕が落ちるはずはないのである。

この背景にあるのは、人間は、何かにとらわれると、その「とらわれ」にしたがう行動をとることに居心地のよさを感じるという不思議な習性にある。それがたとえ自分にとって好ましくないことであってもだ。

いくら、「嫌だな、その方向に行きたくないな。絶対にならないようにしよう」と思っていても、潜在意識として、「でも、俺ってヤツはいつも肝心なところでやっちまうんだ」、「俺のことだから結局は失敗するだろうな」と思っている。そういう思いは自分ではなかなか払拭できない。すると、「俺のことだから、そうなるだろう」という「とらわれ」の方向へとどうしても向かっていってしまい、案の定、思っていた通りになる。というか、自分でそういう方向に仕向けてしまうのである。

企業においても同様である。たとえば、企業合併やダイバーシティがうまく進まないという話はよく耳にする。それはそれぞれの企業理念や経験、価値観など見えないセルフコンセプトにとらわれているのだ。「絶対にできるはずです、やりましょう」とかけ声はかけても、従業員みんなが心の中で「無理だよ」と思っている。その状態では、絶対に達成できない。自分たちが心で思った「無理」という結果にしたがうほうが居心地がよいから、達成できない方向へと自ら向かって行動してしまうのである。

「とらわれ」が結果を左右する

「とらわれ」は、悪いものばかりではなく、「俺ならできる、大丈夫だ」と強く信じることができれば、結果をポジティブな方向にもっていくことも可能になる。ただし、問題なのは、よくも悪くも、セルフコンセプトはいったん染み付いてしまうとなかなか払拭しにくい点にある。

そして実際に、この「とらわれ」が、人間の運命を変えてしまうことを証明した典型的な例が、アメリカのスポーツ界で起こっている。

もうずいぶん昔のことになるが、アメリカオリンピック委員会で、ジュニア選手の中から将来のオリンピック選手を見つけ出すというプロジェクトを行っていたときのことだ。これは、ジュニア選手の体力や運動神経、メンタル、技術などあらゆる能力を分析し、将来、どのぐらいのレベルの選手に成長するかを予測するというものだった。

この中に、後に、運命のいたずらに翻弄されることになる、フィギュアの選手のキャサリンとベスの二人がいた（競技と名前はともに仮名）。

キャサリンは、技術、体力、運動神経、メンタル、すべての検査でパーフェクトの結果を出し、四年後のオリンピックでメダルに手が届くかもしれないというほどの逸材だとわかり、最高のスーパーエクセレント評価が与えられた。

対するベスは、努力をすれば州の大会で優勝し、運がよければ全米選手権まではいくかもしれないという、「そこそこ」のレベルだった。

ところが、まったくの手違いで、この診断結果が取り違えられてしまった。すなわち、キャサリンに「全米選手権レベル」、ベスに「オリンピック級」の評価が伝わってしまったのである。

人間は、権威のある機関や人からのお墨付きがあると、とらわれやすい傾向がある。わかりやすいのは、医師から「全治○週間」などと言われると、その通りになることだ。こういう研究もされていて、医者が経験上ズバリ言い当てているだけではなく、患者自身のセルフコンセプトに影響しているからなのである。そこで、最近では、医師が診断するのではなく、「君はどれぐらいで治りたいんだ」と聞くのがよいという考え方もあるといわれている。これが逆によい「とらわれ」を生み、「三日で治したい」と患者が言えば、医者も「じゃあ、三日で治すようにしよう」と言葉にする。実際の治療はそんなに変わるわけではないのだが、これだけで本当に三日で治ってしまうこともある。

だから、権威あるアメリカのオリンピック委員会から直々に、「あなたはオリンピックでメダルが獲れる」、「あなたはよくて全米選手権どまり」などと言われたら、強固にとらわれるに決まっている。

そうして、実際の評価は「全米選手権級」だったベスに、「オリンピック級」という別人の結果が与えられた途端、本人も、コーチも、両親もその気になった。こうなると、その潜在意識にしたがってより居心地よくなろうとする。常にスーパーエクセレントであろうとする行動、言動をとるようになり、ベクトルがその方に向く。そして、努力をするのでちょっとずつスーパーエクセレントに見合った能力が身に付いてくる。

そのうちに、考え方まで影響を受けるから、たとえば、三回転ジャンプを一〇回チャレンジして一回しか跳べなくても、自分はスーパーエクセレントだと思い込んでいれば、「ほら、私は跳べるんだ」という認識にすりかわり、自信を生んで、二回目の成功の可能性が高くなる。反対に、「自分はたいした選手ではない」と思い込んでいれば、一〇回のうち一回しか跳べないと、「まぐれで一回だけ跳べた」と思ってしまう。当然、二回目の成功率が低くなる。

このように、同じ現象でも自分のコンセプトに合わせた解釈をするので、よく思い込んだ方は、モチベーションが上がって、さらに結果を出しやすくなるのである。

さて、キャサリンとベスは、その後どうなっただろうか。実は、ベスはそのまま選手として急成長し、本当にオリンピックに出場したとの話だ。一方のキャサリンは、逆に全米選手権レベルで終わってしまった。「とらわれ」が、いかに結果を左右するかおわかりいただけただろう。

第2章　フローとはいったいどういう状態か

勝つ人には、理由がある

いま、企業社会の中でも、多様性の時代が叫ばれ、「ダイバーシティ&インクルージョン」などと言われ変革が求められている。しかし、企業や社会がもともと持っているセルフコンセプトが、「女性はしょせん……」、「外国人はいつも……」、「中年世代はみんな……」などという強固な「とらわれ」に支配されていたら、どれほど仕組みを工夫したところで「多様性の受容」などお題目に過ぎない。

また、不確実性の時代などと言われる通り、昨日までやってきたことを今日も続けていたら、どんどん競争力が落ちてしまう時代でもある。時代の変化に合わせて、柔軟に対応していかなければ、変化の速さについていけない。それなのに、「これはこういうものだ。ずっと昔からこうだった」という「とらわれ」に支配されていたら、変化など期待できるはずもない。

では、どうしたら、強固な「とらわれ」から解放されるのか。具体的な訓練の方法については後ほど解説するが、最近の例で、「とらわれ」を見事に克服した劇的なケースがあるので紹介しよう。

この本を書き始めた二〇〇八年六月、二〇〇八北京オリンピック・バレーボール世界最終予選において、全日本男子が、見事、一六年ぶりのオリンピック出場を決めた。

この大会で、日本は勝ち点でイタリアに次ぐ二位の好成績を収め、「弱い全日本男子」のレッテルを跳ね返している。なぜ、このような結果が出せたのか。それは、心エントリーを知り実践した植田辰哉監督の指導力によって、選手みんなの心にあった強固な「とらわれ」を払拭することに成功したからである。

まず、植田監督の素晴らしいところは、「オリンピックに行くのは大変だけど、決して無理なことではない」ということを選手たちに実感してもらうために、荻野正二選手をチームに迎えたことだ。往年のファンにはおなじみの名選手だが、一九七〇年生まれの三八歳。普通に考えれば、すでにピークを過ぎた選手である。

では、なぜ荻野選手をチームに迎えたのか。実は、全日本男子が最後にオリンピックに出場した一六年前の一九九二年、バルセロナで開かれたオリンピックに、当時二二歳だった荻野選手は中心選手として出場しているのである。おそらく、これが荻野選手をチームに入れた大きな意味だろう。

オリンピックに行くのは難しいと怖気づく選手たちに、「大丈夫だ、俺も行ったんだから」と言える。単なる気休めではなく、経験者である荻野選手の言葉には説得力がある。

本当に結果を出すためには、選手みんなの心をどうやってフローにするか、そのために大敵となるのはみんなの心の中にある「とらわれ」だと、植田監督は知っていたのだろう。敵は韓国でもオーストラリアでもなく、みんなの心の中にある「オリンピックに出るのは難しい」という「とらわれ」だった。

さらに、植田監督の素晴らしいところは、大会の間、「イタリアに勝つぞ」とか、「オリンピックに必ず行こうぜ」といったことを言わなかった。つまり、「結果エントリー」の発想をしなかったのである。結果を先に約束することで、心に強固な「とらわれ」を生み、ネガティブなスパイラルを招いてしまうことはすでに説明してきた。結果に固執すると、ストレスからセルフイメージが揺らぐと同時に、「それは無理じゃないか」という「とらわれ」を招き、セルフイメージも小さくなりコンセプトも悪くなってしまう。だから、結果エントリーになることは選手たちに言わなかった。

だからといって、「結果は気にせず、とにかくがんばろう」では士気が上がらない。ストレスによってセルフイメージが小さくなることはない半面で、セルフイメージが大きくなることもない。それに、「とにかくがんばろう」では、選手たちの中にある「とらわれ」は何も解消されない。

では、植田監督はどうしたか。「人生を変えよう」と言い続けたのである。これは揺らぎにくいし、とらわれにくい、とてもよいフレーズだ。対戦相手に勝つのでもなく、オリンピックに行くのでもなく、「いま自分たちが、必死にがんばっているのは、他でもない、自分の人生を変えるためなんだ」という彼の発想は、まさに心エントリーでフローの存在がわかっている人ならではの思考である。

スポーツをやっている以上、「絶対」などということはありえない。どんなに練習しても、どんなに戦略を組み立てても、負けるときは負ける。「どんなことをしても優勝するぞ」という意気込みだけで優勝できるのなら、誰も苦労はしない。どれだけ努力してもそうならないことがあるから、結果に対してストレスを生むのである。

にもかかわらず、結果にコミットし、結果がすべてで、「そうでなければ自分の未来はない」などととらわれてフローな状態でない心が存在するなら、それは負けに向かって一直線に転げてしまうようなものである。

いまこの大会で負けたら不幸になるとか、死んでしまうわけではない。「ここで勝たないと幸せになれない」というのは嘘だ。幸せになる方法はごまんとある。一つのことに固執しないで、人生を変えること、幸せになることを目指せば、いま、やるべきことは何かがおのずと明確になる。そのときに、やるべきことに最高のパフォーマンスが発揮されれば、ふさわしい結果がついてくるのである。つまり、本当の自分や自分たちの目標を達成したいと考える者ほど心エントリーで、フロー状態でいることを目指すのである。

フローとは、「揺らがず」「とらわれず」の心の状態である

出発点は一緒だとしても、セルフイメージが大きい人の成長は速く、セルフイメージが小さい人の成長は遅い。ただし、とらわれていると、どんなにセルフイメージは大きくても、方向はずれていってしまう。最初のうちは、その違いはなかなか見えなくても、積み上げていくと、成長の度合いに大きな差が生まれ、たどり着く結果もまったく変わってしまうのである。

よい状態のセルフイメージ、よい状態のセルフコンセプトを保つことができれば、人は短い時間でも、あるべき方向に向けて急速に成長し、能力がどんどん高まっていく。

では、よい状態のセルフイメージ、よい状態のセルフコンセプトとはどのようなものだろうか。

セルフイメージは、いわば、心の推進力であるから、エネルギーが大きいほどよいわけだ。ただ、瞬間的に大きいだけでは不十分である。セルフイメージは感情の影響を受けて大きくなったり小さくなったりを絶えず繰り返している。なので、セルフイメージが大きく、かつ、大きい状態が安定していることが、「よい状態」を意味する。

一方のセルフコンセプトは、方向を決める要素である。セルフコンセプトの内容が悪ければ、どんどん悪い方向に成長してしまう。たとえば、「自分はだめな人間だ」というセルフコンセプトを持っていれば、だめな人間になるように自分を誘導してしまう。要するに、セルフコンセプトは行動や思考を規定するプログラムのようなものであり、好ましい結果をもたらすためには、コンセプトの質が問われる。

ただし、一口に「質」といっても、それが、よいか悪いかというのはなかなか一概にいえることではない。この世には絶対的に正しいといえるものは意外なほど少なく、あるのは、相対的な違いである。すなわち、セルフコンセプトは内容の質がよく、かつ、「いったん方向性を決めたらテコでも動かない」のではなく、情勢に合わせて最適な方向を見出

フロー状態

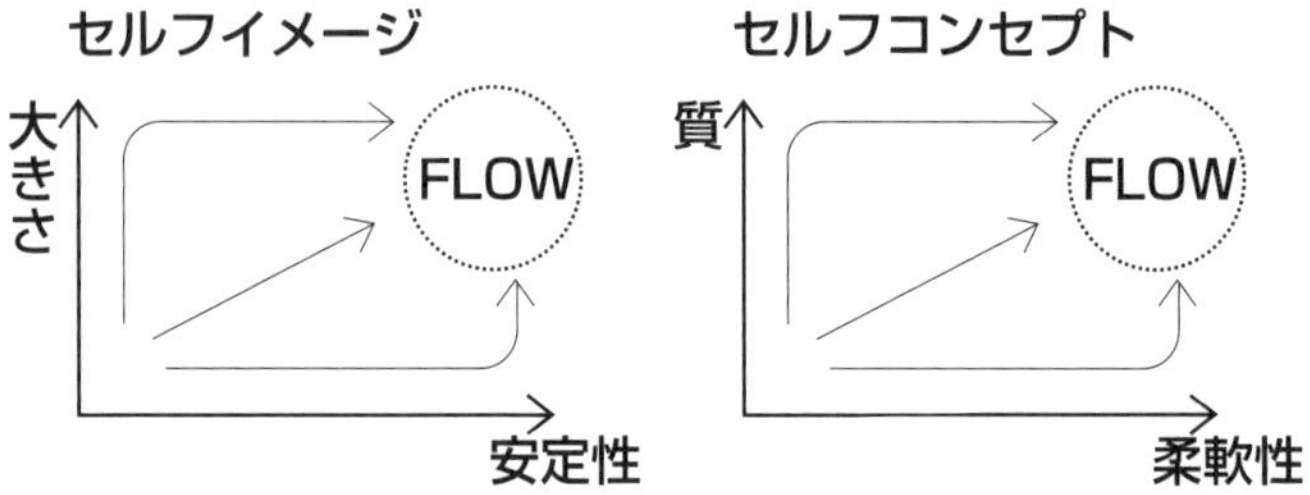

セルフイメージが大きく安定。
セルフコンセプトが柔軟で良質。

＝

フロー状態

す柔軟性を持っていることが「よい状態」を意味する。

　これを図にしてみる。セルフイメージの軸は、横軸が安定性、縦軸が大きさである。安定度が高く、大きい右の上が理想的な状態。セルフコンセプトの軸は、横軸が柔軟性、縦軸が質、やはり右上が理想的な状態である。

　総合すると、セルフイメージが大きくて揺らぎが少なく、コンセプトの質がよく、柔軟で素直な心の状態が、もっともよい状態の心であり、そして、これこそがフローな心の状態である。

　これとは逆に、セルフイメージが小さくて揺らぎが激しく、かつ、コンセプトの質が悪くて、一度固執してしまうとなかなか思考や行動を変えられない強固な「とらわれ」があり、ひねくれた状態が、ストレス状態である。そこから、少しでも右上の心の状態で生きるようにしている人をFlowerと呼ぶ。すなわち、ハイパフォーマーだ。

フローがパフォーマンスを決める

通常私たちはフローかストレスのどちらかの状態を行ったり来たりしている。固定的なものではない。そして、どんなスーパースターも、天才的な経営者も、失敗するときもあれば落ち込むときもあり、揺らぎ、とらわれることがある。

そこで、私たちが目指すのは、完全に悟りの境地に至ることではない。揺らいで、とらわれている状態になってしまっても、すぐに気づくこと、そしてそこからいち早く脱し、フロー状態にリセットできる術を習得することにある。

フローとは、ある特殊なときに発揮される特別な心理状態ではないということだ。スポーツの試合のとき、試験のとき、プレゼンテーションのときなど、ここ一番の大事な場面で極度の集中を生み、眠っていた能力が突然覚醒し、思いもよらない底力が発揮される、というわけではない。

ここのところが、なかなか理解しにくいポイントかもしれない。

というのは、この本をみなさんが手に取ったのは、いま取り組んでいる仕事で結果を出したい、だからそのために精神面を強化したいと思っているからではないだろうか。あるいは、自分はプレッシャーに弱いから、ここぞという場面で動揺しない精神状態をキープするための対処法を知りたいと思ったからではないだろうか。

こういう考え方そのものが、結果エントリーなものの考え方からきている。もちろん、結果エントリーの人を心エントリーに転換するのがこの本の一つの目的なので、結果エントリーの発想で読み始めること自体はよい。ただ、フローを手に入れるためには、ここのところの発想の転換が必要だ。そうでなければ、単なる対症療法で終わってしまう。

しかし、見えやすい結果をともなう行動のときにだけ、パフォーマンスが発揮されているわけではない。すべての行動の裏側には常に心がある。お客さんと商談しているときには心があるけれど、通勤途中は心を忘れているということはない。家で食事をしているときには、心を一時的に閉じているなんていうこともない。

そして、心はパフォーマンスに影響するのだから、そのときの心の状態が、フロー寄りなのか、それともストレス寄りなのか、あるいは、そのどちらでもないイーブンな状態なのかによって、すべての行動のパフォーマンスが決定され、その集積が結果として現れる。もっと言うと、一つの行動毎ではなく、その中のさらに一瞬一瞬においても常に、フローなのか、ストレスなのかの違いがあり、双方の綱引きによってフローとストレスの間で瞬間ごとにマッチプレーしているのである。

フローといったときに、お寺で座禅を組んで瞑想しているときにたどり着く、無の境地のような状態を「最高」と位置づけ、いついかなるときもそのような理想的な心の状態を保つことだ、と考えがちだが、これはまったく違う。スポーツの試合をしているときには、ボルテージが上がって適度に興奮している状態がもっともよいフローな状態かもしれない。悲しい映画を見ているときは、主人公の気持ちに浸りきって、胸が張り裂けるような悲しみを味わっている状態が、もっともよいフローな状態かもしれないのである。

一瞬一瞬の状況の中に、そのときに最適なフローの状態がある。そして、その一瞬一瞬に合わせたフローに導いていけることこそ、これから私たちが身に付けようとしているスキルなのである。

フローが結果を左右する

ゴルフで一八ホール回ったときに、一ホールごとにスコアが変わってアンダーパーになったりボギーになったりするのはなぜだろうか。「それはコースや天候などそのときの状況による」と考えるのが普通かもしれない。確かに、そういう見方もできるだろう。

しかし、基本的には、心の状態の違いによると私は思っている。つまり、そのときのコースごと、あるいは、一打ごと、さらにもっと言うと、一瞬一瞬ごとの心の状態がどうであるかで、結果が決まっている。

たいていはコース設定のせい、風の状況、自分自身の得意不得意、ギャラリーの有無などの外部要因に原因を求めてしまう。本来、持っている力量は変わらないはずである。コースを回っているうちに、突然うまくなったり、突然下手になったりすることは基本的にない。それなのに、さっきのホールといまのホールでスコアが違うのは、自分の心が変化したからに他ならないのである。

仕事でも同様だ。昨日と今日で突然に力量がアップダウンすることはない。「昨日はあんなに絶好調で商談がばんばん決まったのに、今日はだめだな」というとき、それは昨日たまたまよいお客さんに当たったからではなく、フローだったかどうかが大きいのだ。

確かに、昨日のお客さんと今日のお客さんは違う。売っているものも、昨日と今日では違うかもしれない。あるいは、昨日はたまたま月末だったからなどの理由があるかもしれない。状況は常に刻々と変わるから、まったく同じ条件の瞬間は二度と訪れない。その中で、ある一定の心の状態を理想とし、その状態をキープすることを心がけるなら、条件の変化によって結果も左右されることになるだろう。同じ条件の瞬間が訪れることは二度とないのだから、同じ結果を出すことも二度とないことになるのだ。

これでは、ある都合のよい条件が運よくそろったときにだけしか、結果は出ないことになってしまう。

フローとはそういう状態ではない。あらゆる瞬間にそのときに最適なフローが訪れ、そのときの一番よいパフォーマンスが出る。その集積が必ずよい結果を生むのである。

仮に、結果は変わらなかったとしても、二度と来ない、都合のよい条件が奇跡的にそろう瞬間を永遠に待ち続けて、辛い日常を日々がんばって耐えるのと、状況はどんなに変化しても、そのときに最適な心の状態を保ち、心が元気でいられることと、どちらがよいか、答えは決まっているはずである。

心の状態がその人をつくる

フローエントリーを知ったからといって、スーパーフローな状態がそう容易にやってくるわけではない。心の力がつけばおのずと自然にフロー状態で生きていけるのだ。そのためにも、自分の心の状態をチェックできるようになることである。そして、それを自分のものとして身に付け、意識しなくてもできるようにすることだ。

一日二四時間をスケジュール単位で見て、「午前中の会議はだらだら長かった上に、結論も出なくて時間の無駄だったけど、午後のプレゼンはまあまあうまくいったから、今日はよい一日だったかな」という分析では足りない。

「まあまあうまくいった」はずのプレゼンの間も、時間にして二時間だったとして、ずっと心の状況は一定ではない。

最初は不安で落ち着かない。でもしゃべっているうちにのってきた。だんだんフローになってきた瞬間だ。しかし、時間がたってきて、相手の反応が鈍ってきた。ちょっと焦り始める、次の段取りが気になってくる。ここで、フローな状態からストレスに切り替わっている。このように、同じことをしている二時間の間でも状況は変化し、それによってフローとストレスの間で綱引きをしている。

そうして、プレゼンが終わって、フローな時間が全体の七割なら「ぎりぎり合格」になるだろうし、八割なら「上出来」だろう。こういう状態になって、初めてよい結果が出るのである。サッカーの試合でも、シュートの一瞬だけ集中していれば勝てるわけではなく、九〇分を通して自分のパフォーマンスがいかんなく発揮されるからこそ、シュートチャンスが数多く生まれ、ピンチが相対的に減り、結果として勝利を得る。

プレゼンも同様に、最後の決め台詞だけうまく言えても結果にはなかなかつながらない。全体を通して素晴らしい出来で、聴いている人をずっと惹きつけ続け、結果「よい提案だ」という評価になるはずである。

さらに言えば、本当にプレゼンの結果を出すためには、プレゼンの二時間だけフローになるのでは不十分で、その前の午前中の直前対策会議の段階からフローになっていなければならないし、あるいは、ここ一週間の中でプレゼン資料を練り上げている過程で、すでにフローになっていなければならない。もっと言えば、ご飯を食べているときの一瞬、お風呂に入っているときの一瞬も、自分の体調や精神状態に影響するのだから、仕事のパフォーマンスにもかかわる。とにかく、一日二四時間、常にフローでいることによって、パフォーマンスが上がり、結果がよくなるのである。

しかし、状況やパフォーマンスの種類は刻々と変化しているので、フロー状態の中も変化していることを知らなければいけないのである。すべて同じ心の状態でいなければならないとはひと言も言っていない。家にいるときまでフローでなければいけないのですかと か、ボーッとしているときもフローだと疲れませんかと問う人が必ずいるが、フローはさまざまな状況をふまえたよい心の状態だからその質問は愚問である。

フローこそが結果を生む時代

スポーツにおいては心の重要性が浸透しており、スポーツ心理学が発達し、アスリートのマネジメントに必ず取り入れられている。私の専門であるメンタルトレーニングもその一つだ。どれだけテクニックを磨いても、知識をつけても、心の力が弱いと十分に能力が発揮できないことは、スポーツの世界ですでに常識化している。

ところが、ビジネス界はスポーツ同様、それ以上に結果を重視しているはずであるにもかかわらず、あまりにも心の存在を置き去りにしてきた。

この原因は、おそらく、ビジネス社会、特に企業に属している人々は、アスリートや昔の剣豪と違って、勝っても負けても、たとえ結果が出なかったとしても、とりあえず生きていけるところにあると考えられる。

剣豪は、その時その時に最高のパフォーマンスを発揮しなければ切られて死んでしまう。スポーツで得られる賞金や名声は、優勝と準優勝でさえ桁違いの差が生じる。こうした世界は、心とパフォーマンスと結果が極めて明確な世界だ。このために、勝つための哲学が洗練される。

これとは違って、ビジネス社会は、業界最下位の会社でもとりあえず商売はできる。営業成績最下位の人でもとりあえず給料はもらえる。給料の多い、少ないはあったとしても、それが、生死の問題に直結するものではない。

だから、心の問題を取り残したままでも、なんとかがんばって結果を出し、会社はまあまあやってこられたし、個人もなんとか給料をもらっていられた。ちょっと心は疲れるけれど、お酒を飲んで憂さを晴らし、休みには趣味や旅行で発散し、それでなんとかうまくやっていけた。

ただし、もうそういうわけにはいかなくなった。いまビジネス社会も一人勝ちの時代に突入している。会社は、業界下位だと、そのうちに買収されるか倒産に追い込まれてしまいかねない。個人も、営業成績下位では、給料がどんどん下がる上に、そのうちにリストラの対象になってしまうだろう。上位と下位の差がどんどん広がる二極化現象が起きている。

企業、社会でも心を重視しなければ、結果が出ないという段階に否応なしにきているのである。

状況に即して、最適・最大・最良・最高にパフォーマンスを発揮できる心の状態

フローには状況に合わせていろいろなフローがあることは述べたが、端的にわかりやすく言うと、こういうことだ。

お客さんを目の前にして、自信を持って堂々と商談をしている状態、これはフローな状態である。でも、お風呂に入るときに堂々と自信を持ってお風呂に入ることはない。お風

呂に入っているときのフローは、心からリラックスできている状態でなければならないはずだ。

フローな状態というのは、シチュエーションごとに異なる。それを、統一的に、概念として言い表すと「セルフイメージが大きく安定していて、セルフコンセプトの質がよく柔軟である」という言い方になり、一言で言えば「揺らがず・とらわれず」となる。

これをもっと、観念的にわかりやすく表現するとしたら、フローな状態とはつまり、状況に即して「機嫌のよい状態」だと言える。

いま自分がフローになれているかどうか、自分の機嫌がよいか悪いかで、ある程度判断できるだろう。パフォーマンスが落ちていると思えば、自分の機嫌は悪いはずだ。まず自分の機嫌をよくすることから始めよう。深刻な悩みから一時的にでも心を解放し、機嫌よくお風呂に入っているほうが、絶対的に癒される。機嫌よく仕事をしているほうが絶対的にパフォーマンスも高いはずである。

もう一つ、別な言い方をすると、

「フローとは、状況に即して、自分のパフォーマンスを最適・最大・最良・最高に発揮できる心の状態」と定義することができる。

この中でもっとも重要なポイントは〝最適〟である。シチュエーションごとに、フローの状態は異なる。そこで、「最適」であることが、まずフローの条件になるのだが、最適とは相対的な概念であり、定量化しにくく、つかみ所がない。

たとえば、いまの状況に最適な心の状態は、楽しいのか、嬉しいのか、喜ばしいのか、あるいは、楽しいといってもどんな楽しさなのか、といったように、抽象的で、観念的なことがらを即座に判断する必要がある。

この能力の鍛え方が甘いと、実はフローになっていないのに、自分で自分の気持ちをだます、あるいは、ごまかしてしまう「偽フロー」の状態をきたしてしまう。

結果に対するコミットを切り離し、「自分は自分さ」と斜に構え、達観したつもりになっている。たしかに、ストレスからはフリーでいられるが、最適な心の状態ではなく、したがって、最高のパフォーマンスを実は出せていない。一時的にストレスを遠ざけているだけで、嫌でも向き合わないといけないときがいずれくることになってしまう。

こうした状態に陥らないためには、自分の心のセンサーを研ぎ澄まし、心の状態を感じとる感覚を養う必要があるのである。

心を揺るがす要因

自分にとって最適・最大・最良・最高のパフォーマンスを常に発揮し続け、いつも機嫌がよく、そして、結果もついてくるなら、これほどよいことはないだろう。どうしたらその状態を手に入れることができるのか。

ここでまず、私たちの心に影響を与えているものは何か考えてみよう。

●環境

過ごしやすくてよい天気なら、上機嫌になるけれど、暑かったり、寒かったり、雨が降ったりすると気分が滅入り、機嫌が悪くなることがよくある。あるいは、仕事場が働きやすいか、そうでないかなどによっても影響される。社会的に置かれている立場、家族構成なども環境要因といえるだろう。

●経験

よくあるのが、「今日は朝から最悪なんだよ」というケース。朝、悪いことが起こったからといって、昼も夜も悪いことが起こるわけではない。それなのに、朝、何かあっただけで、「今日は一日ろくな日じゃない」と決めてしまって、その日一日機嫌が悪い。また、出勤して今日の仕事を確認したら、以前に嫌な経験した現場で、行く前からもう落ち込んでしまうなどだ。最近よいことがないことと、いまの機嫌は本来は無関係なはずだ。

●他人

心にもっとも大きな影響を及ぼすファクターが「他人」だ。

朝起きて、天気が悪くても、せいぜい気分が滅入るぐらいだが、他人にちょっと一言気に入らないことを言われただけで、心に激しい憎悪が渦巻くことがある。あるいは、好意をよせている相手がそばにいるだけで舞い上がってしまったり、上司が横に座っているだけで、「嫌だなー」と思うことがあるというように、他人は存在だけでも心に影響を与えるものである。

ほとんどの人は、外部の影響に対処し、自分の心をフローに維持する努力はしようとしないで、自分の心を環境や経験や他人などの外部要因のあるがままに委ねてしまっている。自分の心は自分のものなのに、自分で心のありようを決めないで、外部要因に決めさせてしまっている。だから、こういう人は、いつも環境や経験や他人のせいにしている。

そのほうが一瞬だけ心が楽になるのだ。「あいつがいるから、うまくいかない」、「今日は雨が降っているから、お客さんが少ない」、「この季節には、この商品は売れない」と思えば、結果が出なくても心はいくぶん楽になるのである。

でも、ここで大事なことは、外部要因は自分では変えられないということである。環境も、過去のことも、他人も、自分では変えられない。変えられないものに自分の心が影響を受けて千々に乱れるから、よけいにストレスがかかる。この結果、ストレスの二重奏、三重奏の中に入っていき、ネガティブ・スパイラルに落ち込んでいくわけだ。

だから、こういう人は、たいてい、いつもこう言っている。

「何かよいことないかな〜」

よいことが起これば、自分はやる気が出ると思い込んでいる。

もちろん、そうそう都合よくよいことは起こらない。結果、永遠にやってくることのない「よいこと」を夢見ながら、ひたすら現状を耐え忍ぶしかなくなり、自分の人生さえ自分の思い通りにコントロールできない。

この悪循環を断ち切るためには、どうすればよいかもうおわかりだろう。結果を招いているすべての元凶は、環境でもなく、経験でもなく、他人でもない。自分の心である。

自分の心を外部要因に任せてしまうから、自分の人生さえコントロールできない。いつも外部要因の影響で、とらわれ、揺れ動いている。それはたいていマイナスの影響だから、状況はなかなかよくならない。

状況を変えるには、自分で自分の心をつくるしかない。

その自分を強化するのがメンタルトレーニングであり、どんな環境、どんな経験、どんな人たちに囲まれていても、いつも元気、機嫌がよくて、最高のパフォーマンスを上げ、そして、結果を出し続ける心の状態、すなわちフロー状態をつくれるように自分を鍛えるのである。そのことによって、環境に働きかけ、よい経験が積まれ、よい人に囲まれるようになる。このポジティブ・スパイラルの最初のスイッチは、偶然に訪れた幸運ではなく、自分の心をつくる自分自身なのである。

つまり、フローは自分でつくれるものなのだ。

一〇秒ごとにフローになれる

自分の心に影響を与える、環境、経験、他人の影響は、四六時中常に襲ってくる。これに対して何もせず、自分の心を外部要因に任せてしまえば、どんどんフローから離れてしまう。だから、絶え間ない外部要因の変化によってストレスに偏ろうとする心を、その一瞬一瞬の単位でフローに戻していく作業をする。

私が連載を持っている『ゴルフＴＯＤＡＹ』の編集長が、ゴルフ界のスーパースターであるタイガー・ウッズ選手の取材をしたときのことを話してくれた。その中で、私が驚いたことが二つある。

一つは、彼は一歳からゴルフを始めた早成の天才として知られているが、すでに小学生のころにはメンタルトレーニングを始めていたのだという。そのころから心の重要性を知り心エントリーの生き方があったのだ。もちろん、世界ナンバーワンと言われる現在もメンタルスタッフがサポートを続けている。これにも驚いたが、もっと驚いたのは次だ。彼は、一ホールとか一打ごとに心を切り替えているのではなく、一〇秒ごとにすべてをリセットしているという。ミスショットをして落ち込んでも、ちょっといらいらすることがあっても、一〇秒後には切り替えて、新たなフロー状態でプレイに挑む。訓練によってそのような心の力を獲得し、ゴルフをしていないときも、二四時間、意識して実行しているのである。

私も、メンタルトレーニングを通して、国内外のプロ・アマを問わず、多くのアスリートを知っているが、彼こそその中でも極めてレベルの高い心のスキルを持った選手である。なるほど、人知を越えたような彼の強さの秘訣を垣間見た気がした。

いかにタイガー・ウッズ選手であっても神ではない。ショットが乱れることもあるし、戦略が外れることもある。あるいは、心無いギャラリーやマスコミによって心がかき乱されることもあるだろうし、私生活のトラブルだって皆無ではないだろう。生きていれば二四時間いろいろなことがあり、絶え間ない外部要因の変化によってストレスが「これでもか」と襲ってくる。生身の体と心でそのようなストレスを真に受けて、平然としていられるはずはなく、一時的にせよ、揺らぎ、とらわれることはある。

ただ、タイガー・ウッズ選手は、心が一時的に揺らぎ、とらわれても、一〇秒後には切り替えて、フレッシュな気持ちを取り戻している。だから、ミスショットがあっても、マッチプレーで負けることがあっても、そのままずるずるとはいかない。すぐにリカバリーして負けた分を取り戻す。だから、連敗せず、安定した強さを発揮するのである。

一つのホールを自分のミスで落としてしまい、落ち込んだままラウンドしたら、その日のゴルフすべてが台無しになってしまう。次のホールで切り替えることができれば、ミスは取り返せるのだ。さらに進んで、一打ごとに切り替えられれば、些細なミスなどまったく問題にならなくなる。そして、理想的には、タイガー・ウッズ選手のように、一〇秒ごとに切り替えられれば、いつでも素晴らしいゴルフができる。その中で自分は成長し、ラウンドが終わるころには、たった一日の中でさえ、極めて多くを学び、一回り大きいゴルファーになっていることさえ可能なのである。

なぜなら、すべてのパフォーマンスが最適、最高、最良、最大に発揮されるということは、ゴルフをプレイするパフォーマンスだけではなく、学び取る力、感じる力、吸収する力といったことも同時にハイパフォーマンスでおこなわれているからだ。

仕事でも同様だ。外部要因は常に変化している。しかし、そのストレスにいちいちとらわれ、揺らいでいたら、一日が台無しになる。翌日も、昨日の失敗を引きずれば、二日間が台無しに、そうやって、一週間、一ヶ月、一年間と、膨大な時間を無駄にしてしまう可能性すらある。

そこで、一日の中で、一時間ごとに切り替えて、フローな状態を取り戻すことができたら、フローの密度も、質も高まる。すなわち、パフォーマンスがそれだけ上がり、結果もよくなる。さらに、一〇分ごとに区切ることができれば、もっとフローな時間は多くなり、パフォーマンスはもっとよくなり、結果もさらによくなる。さらに、タイガー・ウッズ選手のように一〇秒ごとに区切ることができれば、一時間の中でさえ三六〇回もフローになれるチャンスがある。

さらに私が考える究極は、一秒ごとだ。一日を秒にすれば八六、四〇〇秒になり、一秒ごとに区切ることで、一日当たり八六、四〇〇回もフローになれるチャンスがあることになるのである。

その瞬間のパフォーマンスが最適、最高、最良、最大であれば、仕事そのものだけではなく、学習能力も、考える力もハイパフォーマンスになり、すなわち、極めて短期間のうちに急速な成長を促す。あるいは、仕事だけではなく、自分を美しくする力、賢くする力、ユーモア、包容力、その他もろもろがハイパフォーマンスになるのだから、あらゆる意味で魅力あふれる人間になっていくことを意味し、すなわち、あなたの持てるすべての可能性を最大限に発揮し、あなたという人間を限りなく成長させ、あなたを悩ますどんな悩みもフローが解決してくれるということなのである。

フロー次第で行き先が変わる

本番のときだけにフロー状態が訪れればよいわけではなく、練習のときから、あるいは、日常生活の中でも常にフロー状態でいることが、結果的に好ましい成果を生む背景にある。

本番でないときというのは、なんとなく間延びしてだらけてしまうし、誘惑に負けてしまうこともあるし、目標を見失って脇道にそれてしまうこともある。そうして、十分に能力が磨かれないまま大事な本番のときを迎えてしまえば、結果がついてくるわけはない。だから、普段から、正しい方向に自らを導く、柔軟で質のよいセルフコンセプトを保っておく必要があるのである。

たとえば、ここに、共に成績優秀な二人のビジネスマンがいたとする。C男は、毎年結果を出しているチームに属していた。同僚や先輩、上司も「お前なら大丈夫だろう」と太鼓判を押す。この結果、C男のセルフコンセプトの中には、「プロジェクトを成功させることは、それほど大変なことではない」というコンセプトができあがっている。実際に、成功させてきた先輩や上司を見ているのだから、「あの先輩でさえ成功してきたんだから」という認識を持っているわけだ。

一方のD男は、C男と並ぶかそれ以上の秀才である。実力もあるし、何の問題もない。ただし、これまであまりプロジェクトを成功させたことのないチームに属していた。先輩や上司にプロジェクト成功者が少ないという状態だ。

この二人でどちらがプロジェクトを成功させやすいかといったら、絶対にC男である。C男は、身近で成功させた人が大勢いて、きちんと目標設定して努力をすれば達成できることを実感としてわかっている。しかしD男は、経験者がまったく周りにいない。何か別世界の話のようで、現実味がまるでわかない。だから、どうしても怖気づいてしまう。結果、「成功させよう、成功できるんだ」というベクトルに心が向かわない。

もちろん、C男にしても、きちんと努力をしないと成功させることはできないが、同じようにプロジェクトに向かうのでも、パフォーマンスが違ってくる。やることをやっていれば成功できるんだと信じ込んでいるC男はセルフコンセプトが正しい方向を向いていて、セルフイメージが大きいから、仕事の効率がよく成果が上がりやすい。一方のD男は、自信がわかず、成功を心から信じられない。できるはずがないと思い込んでしまっている。セルフイメージが小さいから覚えも悪い。「成功できるはずがない」と思っているから、その方向にどんどん自分を追い込んでしまう。

スタート時点では、両者の実力にまったく差はなかったが、プロジェクト締切日を迎えるころになると、C男は着実に仕事力が向上していて、さらに実力をつけている。一方のD男は伸び悩み、仕事力が相対的に下がってしまった。結果はやる前からすでに出ていたようなものである。

C男にしても、D男にしても、思い込みが実現する可能性が高いことに変わりないが、ベクトルの方向が違ってしまったために、到達する結果が異なってしまうのだ。だからこそ、思い込みの内容、すなわちとらわれないフローな心で生き、働くことは、人生の結果も変えていくことにつながるのである。

フローはアウトプットの質を向上させる

何があっても、どのような状況でも、いつでも機嫌がいい状態がフローである。それは、身の周りで起こっている厳しい状況に対して単に鈍感なのとは違う。問題から目をそむけてしまっているのとも違う。あることを素直に肯定し、しかし、決してそれにとらわれない心の持ちようだ。

たとえば、自分の勤めていた会社が倒産し、突然に職を失ってしまうという事態が訪れたとする。転職に有利なキャリアは特別持ち合わせておらず、年齢的にもかなり厳しくなっている。家のローンまで抱えているという状況だとしたら、確かに事態は非常に厳しい。だけど、そこで落ち込んでふさぎ込んで、誰かを責めたところで状況が好転することは決してない。やることは、明日の糧を得るために、すぐにも行動を開始することのみだ。

そのときに、悲壮感にくれて、みじめな思いを抱えたまま、重い足を引きずって就職活動に向かうのか、それとも、これから自分に訪れる変化をわくわくしながら待ち受け、新しい出会いに胸を膨らませるのか、どちらがよいかということだ。

仮に、どちらを選択したところで結果はなんら変わらなかったとしても、どうせやることは一緒なのだ。心の中はいつでも、会社の危機を見抜けなかった後悔と自責の念、旧経営陣に対する憎しみや怒り、さっさと転職してうまくやっている元同僚への妬みにとらわれ、まだ訪れてもいない最悪の未来を勝手に想像して恐怖におののき、自らに降りかかった不遇を嘆いてばかりということでは、よいことなど一つもない。

ならば、さっと切り替えて、はりきって就職活動すればいい。考えようによっては、倒産によって強制的にもたらされた事態でも、そこには新たなスキルを磨くチャンス、新たな可能性を発見するチャンスがあるととらえることもできる。結果は同じだったとしても、よい面を見るように努め、厳しい状況の中でも楽しめる要素を探し、そうして、機嫌よくいられることのほうが、断然よいに決まっている。

このように、状況にかかわらず、心がフローになっていることがよいことである。心の状態がフローなだけで、自分らしい生き方ができて、充実しているし、幸せで、生きがいを感じるようになる。

そして、このような心の状態が訪れると、フローでなかったときと結果は同じということは決してない。よい心でいることは、必ずよい結果をともなう。

これがフローの価値の一つである。フローになることでアウトプットされるものが変わってくるのだ。

フローな心の状態は、起こった状況を素直に肯定し、その中から、学ぶべき面を見るように努め、厳しい状況の中でも楽しめる要素、自分の成長の糧になる要素を見つけ出し、課題克服までの道程を目的化することができる。

するると、事務作業でも営業でも経営課題の克服であっても同じだ。あらゆる状態、あらゆるシーンでアウトプットの精度が上がる。しかも、そこにチャレンジする要素を見つけ出し、自らの成長を図っていくことで、回数を重ねるごとにレベルアップしていく。これによって、能力が加速度的に覚醒していくのである。

さらに、このような人たちが集まることによって生まれる価値がある。これが、フローのもたらすもう一つの価値である。

フローな人たちが集まれば、会議ではどんどんよいアイデアが出る。組織内のコミュニケーションは極めて良好になる。みんなパフォーマンスが高いので、ともに刺激を与えあい、チームワークはよく、結束は固い。いろんな意見を受け入れられるようになり、ダイバーシティという面でも極めて有効だ。

そして、企業としてもっとも大事な結果が得られやすくなる。経営者が口を酸っぱくして経営目標を言わなくても、無理に尻を叩かなくても、それぞれが積極的に課題解決に取り組み、それを克服していくことに情熱を傾け、限界を突破して成長し、常に最適な結果を出す。仕事が楽しくて仕方がないという状態になるのだ。そして、いつも元気で、明るく、前向き、変化に対して柔軟で適応力が高い。こんな組織だったら、どのような経営環境でも結果を出し続ける素晴らしい集団になるはずである。

プレッシャーが人を成長させる時代の終焉

いま企業社会は未曽有のストレスにさらされている。ライバルを打ち負かさなければ自分がやられてしまうという、自由競争という名の情け容赦ない生き残りレースに否応なく巻き込まれているからだ。

「勝ち組に入らなければ生き残れない」という危機感は、人の能力を引き出しそうな気がするが、本当のところは、勝ち組に入れそうな位置にいる上位の人たち以外の大多数は、競争する前に気力が萎えてしまい、全体から見ると結果的に生産性を落とすことは、社会学や経営学の視点からも喧伝されている。

危機感で煽ったり、報酬でその気にさせるよりも、安心して働ける環境を用意することこそが人のやる気を引き出すのであり、すなわち、フローな心の状態でいることが、結果を生みやすいということと一致する。

社員にプレッシャーをかけ、その反動でパフォーマンスを上げようとするのは、極めて効率の悪い方法なのである。結果が大事であればこそ、社員に、よい心の状態で働いてもらわなくてはならない。そのためには、結果エントリー方式から脱皮する必要がある。

このシフトチェンジを決断し、パラダイムシフトを起こす勇気が企業になければ、ストレスが膨れ上がって、それに耐えられなくなった社員が辞めてしまうだろう。いや、辞めてしまうならまだいい。うつ病になって長期加療が必要になったり、それでなければ、ストレスを回避するために目標へのコミットメントをなくし、状況と距離をおいてしまう偽フローにどんどん変身してしまうだろう。

会社としては戦力を失う上に、休養中の社員にも給料を支払わなければならないから、コスト構造も悪化する。しかも、仕事を楽しめず、組織はバラバラとなり、一体感のない組織となる。パフォーマンスは上がらない。こんな状態の企業はいま少なくないのかもしれない。

《取り組み事例①》ジャパネットたかたの高田社長が社員に教えていること

ジャパネットたかたの高田明社長は、フローの存在とその価値をよくご存じで、経営に生かして成功している経営者の一人である。百年続く会社に必要なことは、心エントリーのフロー組織でいることだと考えられ、私も全社員のメンタルトレーニングで長崎へ出向き、お手伝いさせていただいているすばらしい会社である。

その高田社長が社員にずっと言っているのは、「人間はなぜ働くのかを考えなさい」ということだ。

ジャパネットたかたも企業である以上、毎年の経営目標を数値化して示さなければならなくなってくる。それを達成することは、社員や取引先をさらに喜ばせることにつながるからだ。

高田社長は、社員に対して目標達成という数字以上に、いつも社員に言っていることがある。それは、「一生にわたって学習していくという価値の存在こそが働くということの真の意味なんだ。それに気づけない人は、働くことがしんどくなる。私は、社員に対してしんどいことを強いているのではない。どうかこの価値に気づいてほしい」

これはまさにフローへ導く言葉である。

そうすれば、結果にコミットするようなことは何も言わなくても、社員たちは自らの人生の目標を達成するために、はりきって働く。結果、売上はどんどん伸びているのである。

これとは逆のケースもある。

私がある一部上場の有名な会社の部長研修の中で、「フローで働くことの価値をみんなで話し合って発表してください」と言ったら、あるグループが「フローで働くことの価値はない」と発表した。

「確かに、辻先生の言うこともわかる」、と彼らは言う。「でも、それはきれいごとなんじゃないかとも思っている」と。

彼らは新管理職のメンバーで、これから責任あるポストについていくための研修の一環として、私が新しいフロー理論を紹介するセミナー講師として呼んでいただいた。

その場での出来事だ。

「働くということは、ストレスに耐えることであり、その対価として給料がもらえる。出世して給料が上がっていくのは、それだけストレスが増えているから。だから、それがないと働く意味がない。すなわち、フローで働くことの価値はない」というのが彼らの主張だった。

なぜこういう考えに陥っているのかというと、彼らの会社がそういう考え方、働き方をしているからだ。働くのは苦しいことであり、その苦しみに耐えることが自分たちの役目であり、労働に楽しみを求めるのは苦しいことから逃れたい弱いやつの言い訳だと。

このような心の状態で、仕事が楽しいわけはない。創造性が発揮されることも、多様な変化に対応することもできないだろう。

このままでは組織として危険である。多くの企業で、社員の中にこのような考えが蔓延していることに気づいているだろうか。

フローこそが、これからの企業価値

偽フロー状態の人は、結果に対するコミットメントを自分から切り離してしまい、「ここまでやればよい」という範囲を勝手に決めてしまっている。それは、組織にとって好ましいかどうかという視点ではなく、自分が責められなくて済むか、自分が責任を問われないで済むか、もしものときには言い訳が立つか、という一種の逃避である。このような人材がいくら集まったところで、企業の競争力は上がらないし、企業価値も向上しない。

本当のフローはそうではない。

フローになるためには、結果エントリーから脱しなければならないが、それは決して、結果に対するコミットメントを自分から切り離しているわけではない。

フローな心を持つ人は、結果にとらわれていないけれど、自分に課されている目標は知っている。目をそむけないで、ちゃんと、結果を見据えている。ただし、結果にとらわれるとパフォーマンスが下がって結果を落とすから、フロー状態をつくり出すように常に注力しているのである。

経営に必要な条件として、ヒト・モノ・カネ・情報と言われてきたが、これらの持つポテンシャルを十分に引き出すためには、そのさらに前提条件としてフローであることを重視しなければ、結果の達成は不可能であるとさえ言える。

企業は間違った目標の立て方をしているのかもしれない、という疑念がわく。目標を達成する算段もつけずに、ただ帳尻合わせの目標を設定し、社員を鼓舞して無理やり向かわせる。どうがんばっても達成は無理なので、ストレス漬けになり、パフォーマンスが落ちて結果も出にくくなるという悪循環に陥ってしまったケースも多くあるのではないだろうか。

いまの情報化社会の中では、すでにヒト・モノ・カネ・情報では、他社との差別化は図れなくなっている。いっときは、競争力を発揮した商品や情報システムも、いまはどこの会社でもすぐに取り入れることができるから、ほどなく価値が下がってしまう。

従来なら、すぐれた職人の手作業でしか作れなかった製品が、いまではほとんど機械化されているから、同じ機械を導入すれば、ライバル会社でもすぐに同じ製品を作ることができる。中国など、生産コストの安い土地で商品を作れば、一時的に価格競争力は高くなるが、同じことを他社にやられてしまえば、元の木阿弥である。

しかし、心の可能性は無限だ。そして、心の状態がよくなれば、パフォーマンスが上がる。不確実性の時代に、これほど確実なものはない。

社員の心がよくなれば、いままでパフォーマンスの足を引っ張っていた枷が外れる。そのときの伸びしろは、極めて大きいはずである。

心の存在と価値に気づけば、いま日本が抱えている多くの問題は、将来に希望が持てない若者の不安、老後の不安を抱える中高年世代、世の中が悪くなっていくという社会不安など、心の問題なのである。社会不安が、労働意欲を削ぎ、消費意欲を減退させ、社会保障への不信を生んでいる。だからこそ、人々の心の存在に気づき、心をよくするために何をすればよいかを考えるべきなのだ。

フローはダイバーシティをもたらす

いま、日本のビジネス社会で起こっている大きな潮流が二つあり、一つはワークライフバランスで、もう一つがダイバーシティ＆インクルージョンだ。この、二つの大きな変革を実現させるキーワードも「フロー」なのだと私は信じている。

ダイバーシティで言えば、もうすでに、私が言うまでもなく、日本のオフィスにいる人々の顔ぶれが、一昔前と様変わりしていることは、ビジネスマンなら誰でもわかっているはずだ。

女性の管理職が増えてきたし、派遣社員など背景の異なる人が職場に増えている。さらにわかりやすいのは、明らかに多様な人種が増えていることだ。いま、日本のビジネス街を歩いていると、ニューヨークとさほど変わらないと思えるほど、人種のるつぼといった感がある。すでに外国人の同僚と普通に机を並べて、日々仕事をしている人も少なくないだろう。

さまざまな価値観、多様な背景のある人々が集まり、仲間として共同で作業をするときに、そこに、多様性を受容する仕組みが必要だという。ただ、システムそのものより、多様性を受け入れるかどうかは、実は心の問題なのである。

ダイバーシティなどと、いちいち大層なことは言わなくても、相手を尊重する気持ち、同じ人間として受け入れる気持ちがあればよいだけのことである。「揺らがず・とらわれず」の心の状態だ。逆に、心を前提にしないで、仕組みだけつくったところで受容力など発揮されるはずはない。

ワークライフバランスは、仕事だけに追われるのではなく、プライベートも含めて充実させることで仕事の面でも成果が上がりやすくなるという。これも、私の言うフロー理論そのものである。

仕事でよい結果を出すためには、仕事をしているときだけはりきっていればよいわけではない。私生活でのトラブルを引きずっていたら、仕事中も身が入らないだろう。家でゆっくりくつろげなければ、疲れも十分に癒されない。家族とのコミュニケーション、娯楽や趣味の活動、あるいは、食事や睡眠、炊事洗濯に至るまで、すべての過程で心は存在している。フローな状態の時間を多く持つことで、ハイパフォーマンスにつながるのだ。

《取り組み事例②》キリンのダイバーシティへの挑戦

企業のダイバーシティをフロー理論で取り組んでいる会社の一つにキリンホールディングスがある。二〇一五年にポジティブ・アクションを実現するという企業目標の核となる施策の一つがダイバーシティの実現だ。人事としてさまざまなシステムを構築していくと同時に一人一人の心の状態をつくり出す「心の力」に注目し、Flowerを増やすべくプロジェクトを社長直轄でスタートさせた。それがKWN（KIRIN Women's Network）だ。

女性社員の元気とパフォーマンス向上をまず実現し、上司、マネージャー、役員の男性陣の心を「揺らがず・とらわれず」にしていこうという試みである。人事が中心になって推進員を募り、全国の女性社員を一人でも多くまずFlowerにしていこうと……。

私の役割はフロー理論をキリンで働く社員、女性たちに知識として理解してもらうことで、そのために全国で計二〇回近くの講演会や推進員・キーパーソンたちを集めたセミナーを行った。予想外に効果的だったことは、その講演の噂を聞いて、部署の所属長の男性たちが自主的にオブザーバー参加するようになったことだ。

首都圏ではさらにフロー状態の価値を与えられるのではなく、キリンで働く女性として自ら気づき、見つけるようなグループ・ディスカッションを数回にわたって行った。フロー状態実現の難しさとその理由、さらには仕事中と日常それぞれなぜフロー状態のほうがよいのかということを五人前後のグループで話し合う時間をＫＷＮ主催で業務中に開催。それと同時進行で推進員十数名だけは、毎月フロー状態を生み出すライフスキルの下意識化に向け、モデル社員、Flower となるべくトレーニングを継続している。

第3章　フローを知識化・意識化・下意識化する

フロー度をタイプ別に見る

私がこれまでフローのトレーニングや実践を通して見てきた中で、人間の心には「ストレス状態」、「偽フロー状態」、「真フロー状態」の三つのタイプがあり、人によっていずれかのタイプに分かれるだけではなく、同じ人物でも、三つのタイプを行き来していることがわかってきた。

タイプ1　ストレス状態

タイプ1は、いまもっとも多いタイプの人で、ストレスに耐えながら、がんばってなんとか結果を出している人たちである。

この人たちは、環境や経験、他人からの影響を、心でまともに受けてしまっている。いいことが起これば心がよくなり、パフォーマンスが上がり、結果もよくなる。逆に、悪いことが起これば心も悪くなり、パフォーマンスが下がり、結果も悪くなる。外部要因がダ

タイプ1

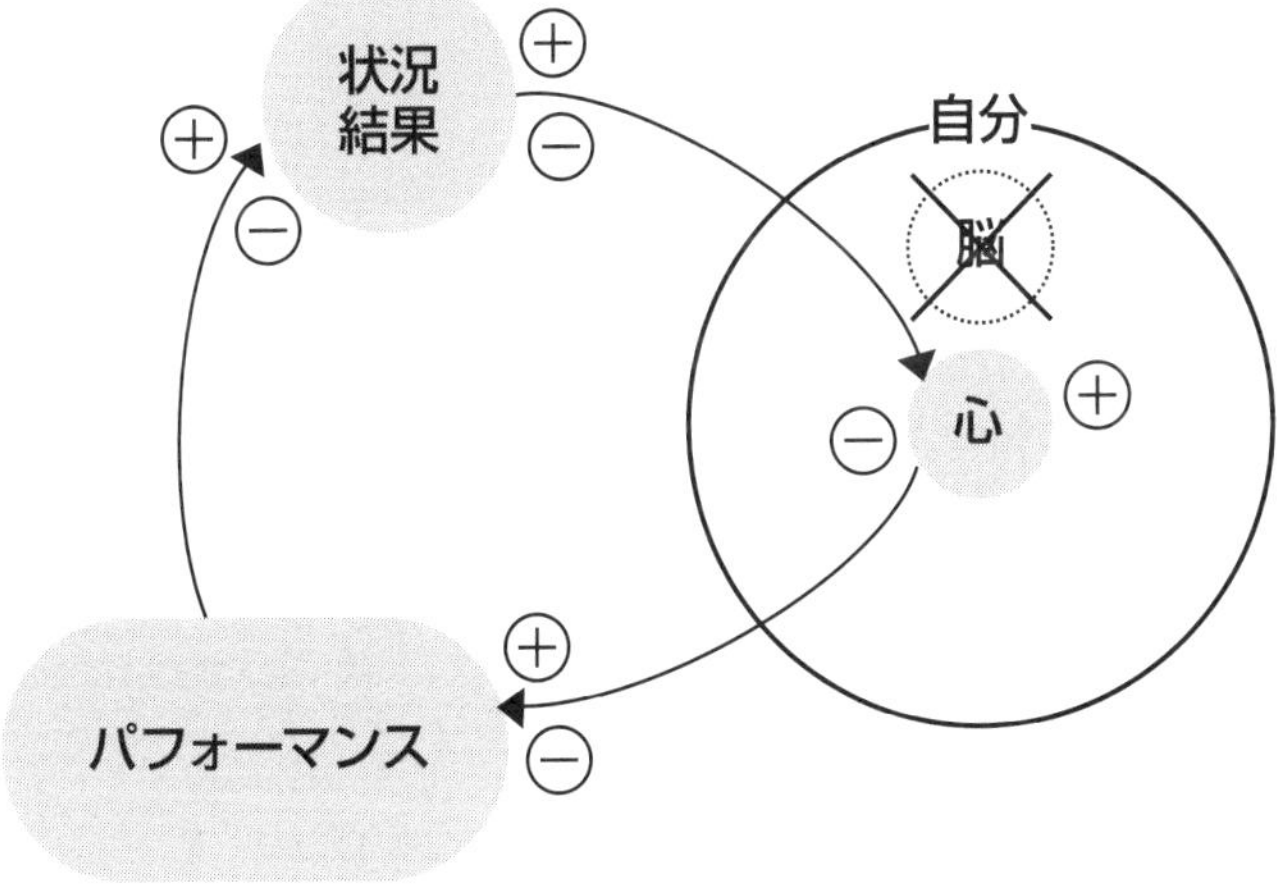

イレクトに心に作用し、パフォーマンス、すなわち結果を左右している。

ただ、いまの世の中では、マイナスの影響を起こす外部要因が圧倒的に多いので、このタイプの人はいつもストレスにさいなまれ、パフォーマンスが低く、したがって、結果もなかなか出ない。それでもがんばって、心を犠牲にしてなんとか結果だけは出しているという状態だ。

この場合、結果を導き出しているのは外部要因であり、この人たちにとっては、環境、経験、他人こそが主体であり、自分が客体になってしまっている。

外部要因の変化によっていつも心はかき乱され、揺らいでとらわれる。そうしてネガティブ・サイクルにとらわれたまま、身動きできないでいる。

早く救ってやらなければ、うつ病になるか、体を壊してしまう。そうでなければ、ストレスから一時的に逃れるために、次のタイプ2に変身してしまうだろう。

タイプ2　偽フロー状態

タイプ2は、いま急速に増えている。

彼らは、周りの状況が自分の心の状態に影響してしまうことを知っている。その影響がダイレクトに作用すると心がまいってしまうので、それを避けるために、外部環境からの影響を自分の心から引き離そうとすることに頭を使う。

すると、外部要因がプラスであっても、マイナスであっても、自分の心はプラスマイナスゼロのそこそこに保たれる。だから、パフォーマンスもそこそこ安定していて、結果もそこそこ安定して出している。

「世間はどうあれ、俺は俺の道を行くよ」というような態度を貫き、ほかのみんなが熱く盛り上がっても、醒めた目で見ているような人たちだ。

一見すると、「揺らがず・とらわれず」のように見えるが、外部要因からの影響を遮断してしまうから、フローの定義である「状況に即した最適・最大・最良・最高のパフォーマンス」は出せない。彼らが出しているのは、状況とは一切無関係なパフォーマンスであり、問題を直視しないで目をそむけているだけで、フローとは相容れないものだ。これを「偽フロー」と私は命名した。

やっかいなのは、彼らはそれなりに仕事をするし、ハイパフォーマーではないとしても、ある程度の結果を出すアベレージヒッターだととらえられがちなところである。会社としては、「置いておいて損はない」と思ってしまうのだ。しかし、実は、このタイプを放置してしまうと、ストレスに苦しむタイプ1よりもむしろ組織にとって危険である。なぜなら、タイプ1は、心を犠牲にしても、まだ「なんとかよい結果を出そう」ともがいているぶんだけ救いがある。結果は出したいけれど、そのためにストレスで辛いのだから、フローの存在に気づきさえすれば、心のステージに乗り換えることもできるだろう。

しかしタイプ2は、自分では「フロー」だと思っているので、いまの自分を変えようとしない。また、一応は結果を出しているが、それは状況に即して最適・最大・最良・最高な結果ではない。ただ単に、「やれと言われたからやった」のであって、組織にとってよ

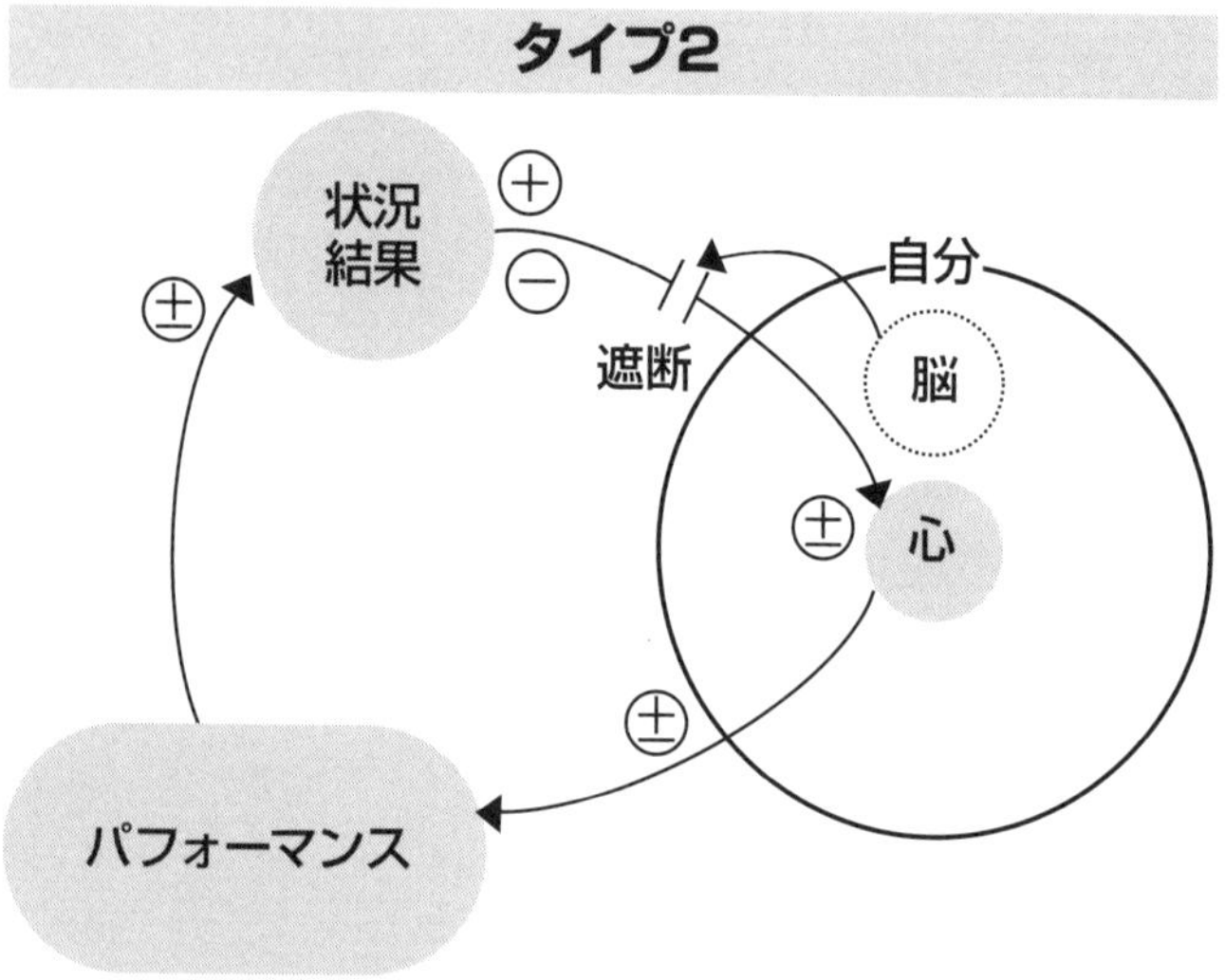

い結果を出しているわけではなく、場合によっては、マイナスの結果を出していることさえある。変化に富んだ時代をうまく生かせるということや、創造性を発揮することはあまり期待できない。

彼らは、結果にコミットしないので、結果に対する責任を問われないようにし、他の誰か、あるいは、外部要因に責任を押し付けようとすることもある。組織がみんなこのタイプばかりになると、責任を引き受ける人がいなくなり、お互いに押し付けあうだけで、誰も結果に対する責任をとらないということになる。

いま現在、タイプ1の対策がマストだ。タイプ2が急速に増えてきていると言ったが、結果に対するストレスから、心が疲れてしまった人たちが、自己防衛のためぞくぞくとタイプ２に変身していると考えられる。下手をするとすでにタイプ２が上回ってその対策こそがマストになってしまっているかもしれない。それぐらいの勢いで増えてしまっている。

タイプ３　真フロー状態

タイプ３が本当のフローの状態である。外部要因にプラスやマイナスの変化があって、それを心でまともに受けてしまうと、揺らいで、とらわれてしまうから、心でダイレクトに受け取らない。ここまでは偽フローと一緒だが、偽フローはここで現実から目をそむけてしまうのに対し、真フローは現実を脳で受け止めて、それを心によい影響を与えるものに思考して、転換するところにある。

仕事で成功＝うれしい
身内が亡くなる＝悲しい
週末のゴルフ＝楽しい

上司との付き合い＝煩わしい

といったように、心は外部要因の存在を率直に反映してしまいがちだ。ただ、そうして外部要因の存在をダイレクトに心で受けてしまうと、プラスの存在のときはよくても、マイナスの存在が続くと心を病んでしまう。

ではどうするのか。

情報を統制する器官である脳を使い、外部要因の存在を心でダイレクトに受け取らないで、いったん脳で受け止める。そして、脳を働かせて、外部要因の存在を情報処理し、心の状態が常にプラスになるような形に加工してからアウトプットするのである。

たとえば、野球選手の松井選手のケースではこうである。

ケガをしたことで、「これで今シーズンはパーだ、連続試合出場記録も途絶えた。無理してダイビングキャッチなんかしなければよかった。ああ、いつになったら復帰できるんだろう」

などと、後悔ばかりしていたら、復帰は遠のいただろう。

そこで松井選手はさっさと切り替えた。ケガをしてシーズンを棒に振ったことを、次のように脳の中で転換しているはずである。

僕のプレイに原因があった
←
だから、実は、いつケガしてもおかしくない状況にあった
←
むしろ、この程度で済んでラッキーだった
←
このケガを克服できれば、ケガの原因になったプレイのまずい部分が改善できる
←
僕は選手としてまた一つ成長できる
←
休んでいる間、どうせ手は動かせないのだから、普段できないトレーニングをしよう
←
そうすれば、僕は、ケガする前よりすごい選手になれる

タイプ3

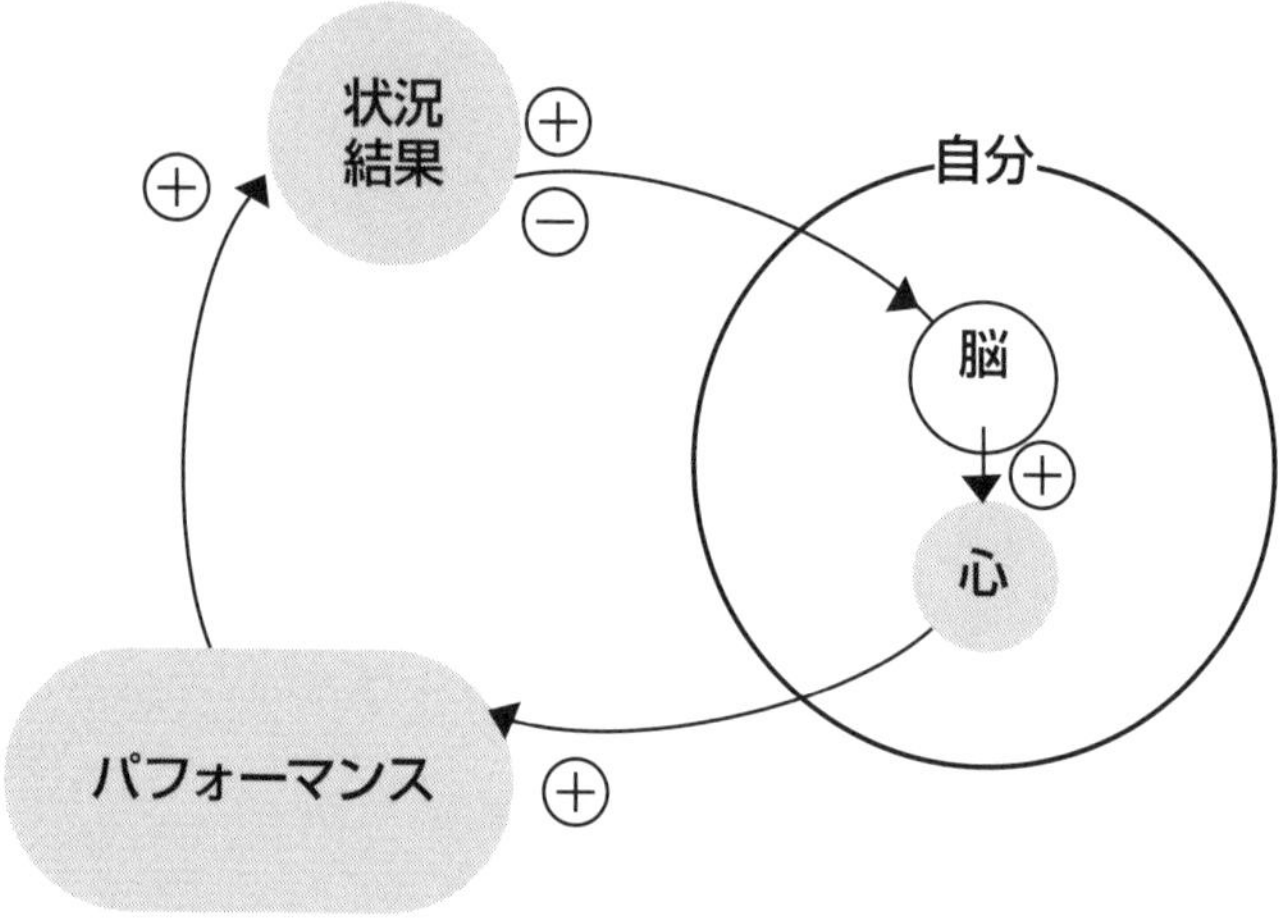

←ケガをしたのも、意味あることだったんだ

これが、フローな人の考え方の特徴であり、このような考え方のできる人を「ライフスキルが高い」と表現する。外部要因がどうであれ、心をいつでもプラスの状態にできる考え方をつくり出せるように、脳のアウトプット力が高いということである。この脳の力を鍛え、スキル化することが、私の行っているトレーニングである。フローの根源は、「脳力」なのだ。

組織として考えると、いまタイプ1にいて、ストレスでへとへとに疲れている人を、いち早くタイプ3に転換することで、より活力ある企業となる。タイプ３の企業全体に対する占有率が高ければ高いほど、組織は成長度合が増すと言っていいだろう。タイプ３は、ハイパフォーマンスを上げ続け、結果を出し続け、なおかつ仕事を楽しみ、元気で活力に満ち溢れている人たちなのだ。このような人たちが集まった組織は、極めて大きなパワーを発揮する。それこそ、〝ミラクル〟としか思えない現象を引き起こすだろう。それも、数多くである。これからの時代の優良企業となり得るのだ。

フローをもたらす脳力を標準装備する

おそらく、一昔前であれば、どうやって「フローな心の状態を保とうか」などということは考えなくてもよかったのだろう。時代背景や環境がまだよかったから、外部要因に心を任せてしまっても、フローになれる瞬間が多くあったし、ストレスの種も少なかったのだと思う。

突然、無茶なノルマを課せられて、結果を出さなければならないプレッシャーにさらされるような事態は、誰にでも発生したわけではないし、いつでも発生したわけではない。

たまたま、そのようなシチュエーションに陥ったら、腹をくってやればよかった。ずっと続くことではないから、そのときだけなんとかがんばって結果を出せばよかったのである。

要するに、いままでだったら、ある程度のクラスの普通の車に乗って町を走っていればOKで、雪道に行くときだけスタッドレスタイヤを履く、あるいは、チェーンを持っていけばよかった。オフロードに行かなければならなくなったら、そのときだけ、改めて4WD車を調達すれば事足りたのである。

ところが、いまの時代は、普通に街中を走っていたはずだったのに、突然吹雪にみまわれることがある。あるいは、公道を走っていたつもりが、気がついたらいつのまにか道が途絶え、泥沼の中にさまよい出てしまうような事態が頻繁に発生している。だから、いままでのスペックの普通車では間に合わなくなってきて、オプションだったスタッドレスタイヤや4WD機能を標準装備しないと対応できなくなってきたのである。

いまはまだ、多くの人がそのことに気づいていない。あるいは、気づいていても、どうしていいかわからなくてとまどっている。

なぜなら、車がどのような機能を持っているか、私たちは普段あまり意識していないように、自分の心がどんな機能を持っているか、あまり意識したことはないからだ。

自分たちの心の限界値を知らなかったし、知る必要もなかった。しかし、どうやら私たちが進化の中で獲得したスペックでは、すでに現状と合わなくなってきている。もうすでに、私たちの心が耐えられる閾値を越える外部要因の変化が、私たちの身の周りで日常的に発生している。

心はエンジンであり、これがなければ人間は生きていけない。だからこそ、心が安定的に機能するために、つまりフローであるために、それを支えるシステムが必要である。これが私の言う、脳力であり、ライフスキルである。

感情をメモリーするシステムがある

第1章で述べたように、私たちの心を構成しているセルフイメージとセルフコンセプトはともに、環境と経験と他人によって揺らぎ、それにとらわれやすい性質を持っている。

この原因の一つとして、人間の中にある感情をメモリーするシステムの存在がある。

物事を記憶するのは一般的には海馬であり、エビングハウスの忘却曲線によれば、一度覚えたはずのことでも二〇分で四〇％を忘れ、一ヶ月後には八〇％忘れてしまう。覚えているのは、海馬から移動して大脳の奥底に蓄えられた残り二〇％の記憶であり、海馬にとどまったままの記憶は時間の経過とともにさっぱり忘れさられる運命を持っている。

ところが、感情を記憶するのは海馬ではなく扁桃核という部分だ。ここは、一度記憶した感情を忘れずに、溜め込んでしまう。ロジックで物事を覚えるのには、膨大なメモリー容量が必要になるが、感情を覚えるのにそれほど容量は必要がなく効率がよいからだ。

どういうことかというと、たとえば、肉食動物の体臭に気づいたときに、「このニオイはトラだな。よし、危険だから逃げよう」などといちいちロジックで考えていては生死にかかわる。ニオイをかいだ瞬間に恐怖の感情がわき、とっさに退避行動をとるほうが、効率的で、より安全である。

味方に囲まれていればほっと安心するし、獲物が近づいてくればファイトがわいてくるなどというのも同じ理屈だ。

このように、人間は、自分の生命の安全や生理的欲求が叶いやすい外部要因の変化にはよい感情が起こり、その逆に、生命の危機を招きやすく、生理的な欲求を阻害する外部要因の変化には悪い感情が起こり、より安全に、子孫を効率的に残せるような行動を自然にとるシステムが、私たちの遺伝子の中にプログラムとして組み込まれている。

生物のこうした特性により、私たちは意識しなくても、起こった出来事によってどういった感情を抱いたか、ほぼすべてを覚えている。そして、似たシチュエーションが起きると、よいか悪いかは別にして、そのときの感情を思い出す。大学受験のときに聴いていた曲を聴くと、当時覚えた年号は思い出せなくても、そのときにわき起こった感情は思い出すのである。

ところが、ここで問題なのは、感情はセルフイメージに大きく影響する上に、その積み重ねがセルフコンセプトをつくっていくことだ。このときに、感情をメモリーするシステムがあるということは、悪い感情を選択してしまうことが多くなると、セルフコンセプトが硬く質も悪くなってしまう。これにより、「とらわれ」が多くなり、揺らぎを生みやすくなる。

たとえば、バスケットの大会でも、「ここの体育館はゲンが悪い」などという言い方を選手たちはよくする。以前にその体育館で試合をしたときに、コテンパンにやられたような経験があると、そのときに抱いた嫌な感情を、体育館に入った途端に思い出す。自分では、以前に負けたことはすっぱり忘れたつもりでも、理屈ではなくそのときの感情が思い起こされる。すると、その嫌な感情がセルフイメージを小さくしてしまい、パフォーマンスが低下し、結果も思わしくなくなる。するとまた、「やっぱりこの体育館では勝てない」という「とらわれ」が一層強くなっていくというわけだ。

セルフイメージとセルフコンセプトの相互関係

セルフイメージとセルフコンセプトの間には、常に相互関係が成り立っている。

セルフイメージが大きく安定している状況が続くと、プラスな感情が多くなってパフォーマンスもよくなり、セルフコンセプトの柔軟化を促す。プラスな感情が多いと右脳が働きやすくなり、頭が柔らかくなるからセルフコンセプトの質もよくなる。

そうして、セルフコンセプトの質がよくなると、環境や経験、他人に対して常にポジティブな評価ができるようになり、いちいち腹を立てることもなくなる。柔軟性が高いと、物事を素直に受け入れられるようになっていく。そうすることで、瞬間瞬間のセルフイメージは大きくなりやすいという傾向が生まれるのである。

一口にフローと言っても、実は、セルフイメージとセルフコンセプトの二つが、常にリンクして私たちの心をつくっている。そして、これがため、ポジティブにせよ、ネガティブにせよ、いったんその波に乗ると、スパイラル状態に入っていくことになる。

セルフイメージが環境、経験、他人の影響をもろに受けて、小さく不安定な状態が続けば、セルフコンセプトがつくられていく過程で、その材料であるセルフイメージの状態が悪いのだから、出来上がったシステムは質が悪く、柔軟性も低いものになる。セルフコンセプトは、思考や行動の方向を決めているので、質が悪く、柔軟性の低いセルフコンセプトの持ち主は、思考や行動の方向も悪い。環境、経験、他人にとらわれて、白らから好ましくない思考や行動を選び取り、このために、セルフイメージはさらに小さく不安定になっていく。

そうして、すべてのことが相乗的に作用して、よい方向に行く人はどんどんよい方向に、悪い方向に行く人はどんどん悪い方向に行く、という現象が起こる。

すなわち、フローな状態を実現するということは、セルフコンセプトとセルフイメージという、リンクして動いている二つの概念を意識し、それらが正の相関をもたらすような動きに変えることだとわかっていただけるだろう。

自分の心の状態を意識する

スポーツドクターとして培ったトレーニングの方法を応用し、企業研修なども請け負うようになって、最近気づいたのは、現代は、外部要因がストレスを生みやすいというだけではなく、人々の間に、自分の心の状態を自分で意識する力が衰えている傾向が見られることだ。

研修に入って、これまで説明してきたようなことをひと通り説明したら、トレーニングに移るのだが、このときに、まずは、プラスな感情とマイナスな感情について、それぞれ五〇ずつ列挙する、という作業をしてもらう。

ところが、これがなかなかできない。マイナスな感情は比較的に言葉が出てきやすいが、プラスな感情だと三つぐらいですぐにつまってしまう。

もっと困ったケースになると、「感情を述べよ」と言っているにもかかわらず、事柄ばかりを列挙する。「〝いい感情〟を述べよ」と問うているのに、「ボーナスをもらったとき」とか、「たまっていた仕事が解決したとき」などという人が実に多い。これは、感情ではない。起こった出来事だ。つまり、外部要因の変化に自分の心をまるっきり委ねてしまっている証拠である。まさに、心が事物に支配されてしまって、自分の心を自分で統制できない状態だ。

いまの時代、「コミュニケーション力が重要だ」などと言われるわりには、人の心について考えることが少なくなっているように思う。本来、人と接するためには、相手の心、感情を察しなければならないはずである。あるいは、相手と接しているときの自分の心の持ちようについて、もっと敏感にならなければならないはずである。

しかし実際は、「いい気分で仕事ができるようにするには、どうすればいいか」などという話はあまりしないはずである。考えていることといえば、「あの件、早く片付けなければ」、「この問題どう処理しよう」という〝事柄〟ばかりである。

そして、事柄にとらわれ、揺らがされているから、心の存在をどんどん忘れ、自分の心がいまどういう状態なのか、どうすれば心がよくなるのか、といったことを感じ取るセンスがどんどん退化しているのである。

脳力＝ライフスキルは鍛えられる

それでは、フローを手に入れるためにはどうすればいいのか。この点が、いままでの心理学的なアプローチではなかなかつかめなかった。なぜなら、従来は、心の状態とその状態をもたらす力が一緒に説明されてしまっていたからだ。

「心が弱い・強い」と言ったときに、それは、心の状態が悪いことを言っているのか、心をよくするための力がないことを言っているのかよくわからず、非常にあいまいな話になってしまう。

フローという心の状態と、その状態をもたらすための能力を分けて考えなければならない。そして、フローな状態をもたらす能力が、私の言う脳力であり、ライフスキルである。

脳力と名づけたのは、心にフローな状態をもたらすためには、「脳」が持つ力を引き出し、脳の力こそが心の状態をつくり出していくことが近年次第にわかってきたからだ。

脳力は、筋力や心肺機能、あるいは計算力や記憶力などと同じく、人間の持つ一つの能力である。そして、能力である以上、まず知識を得て、意識してその技術を体得し、自在

脳力によって心をフローにする

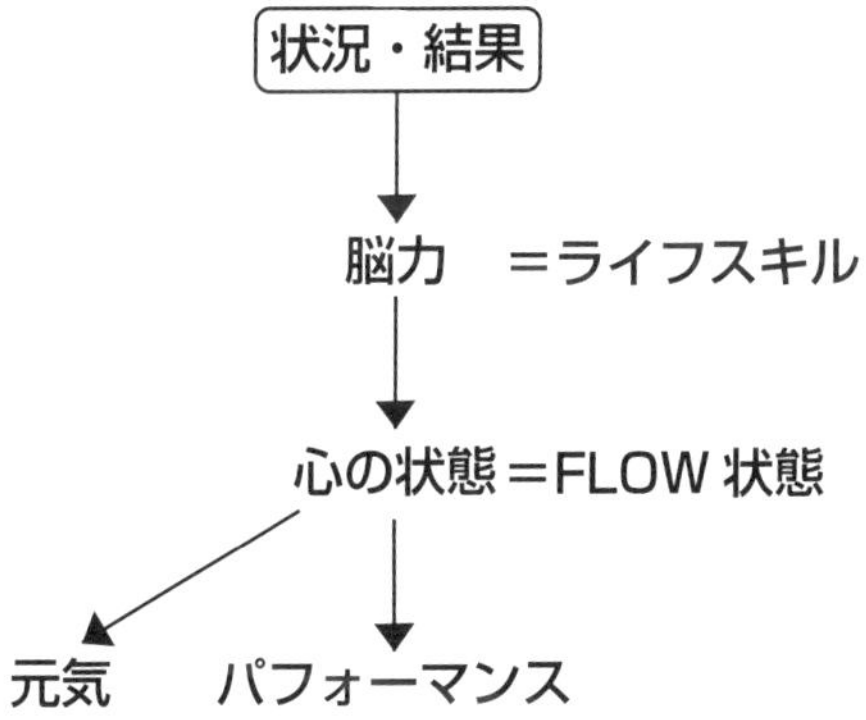

に使えるようになるまで訓練しなければならない。

　スポーツであっても仕事のスキルであっても、能力が身に付いていく過程は何でも、このプロセスは一緒である。

　たとえば、スポーツなら、最初は誰かにやり方やコツを教えてもらい、言われた通りに意識しながら練習していき、やがて、意識しなくても体が自然に反応するようになってきて、初めて自分のものになる。このように、能力とは、知識のレベル、意識のレベル、無意識に行うことのできる下意識のレベルの三つの段階を経てスキル化されるものだ。

　脳力もスキルなので、こうしたプロセスは基本的に同じで、やれば身に付くものである。

ただ、メンタルトレーニングの難しい点が三つあり、一つ目は、心という目に見えないものを扱っているだけに、フローというものをイメージでつかまなければならない点にある。

二つ目は、フローとは何かをイメージはできたとしても、価値に気づいてもらうまでに至らないケースがある。フローな状態を手に入れるためには訓練が必要となり、身に付くまでには時間がかかる。その面倒なことに向かわせるためには、価値に気づいてもらう以外にない。

そして、三つ目は、知識を得ただけで満足してしまうケースが多いことである。

たとえば、ゴルフのようなスポーツなら、「教則本を読んだだけではスコアは上がらない」ということをみんな知っている。頭で理解していることと、体を使って実際にやってみるのとでは、大きな違いがあることを体験的に承知しているからだ。しかし、メンタルスキルは、すべて頭の中で完結することなので、知識を得た時点で習得した気分になってしまっていることが、非常に多いのである。

フロー理論もずいぶん浸透してきたので、「フロー」の存在そのものを知っている人は少なくないだろう。その手の本を買ってすでに読んだ人がいるかもしれない。しかし、それでも多くの人がフローになれていないのは、本を読んだだけで脳力を獲得した気分になっているからだ。

クラブを握る、バットを振る、脳を使う、すべて同じ。何事もスキル化するためには、繰り返すトレーニングが必要なのである。

脳力をスキル化する三段階のプロセス

物事を体得する始まりは、知識である。野球選手になるためには、野球というスポーツを知らなければならない。ルール、道具の使い方、バッティング、ピッチング、キャッチングの技術論、あるいは、戦略や戦術。これらの知識がなく、闇雲に我流でやっていては、どれだけ練習しても上手にはならない。

次に、得た知識を、意識して実際にやってみるということである。たとえば、バッティングで、「ボールをよく見て打て」とコーチから教われば、「ボールを見て打つ」という感覚がつかめるまで、意識してボールを見て練習する。ピッチングで、「そうだ、いまの腕の振りを忘れるな」と教われば、その感覚を忘れないように、何度も意識して腕の振りを繰り返す。

この段階では、意識している限りにおいて、望んだプレイが可能になる。自分の中でなんとなく体得した感覚を指標に、いまのプレイがそこに合っていたかいなかったかを確認し、その感覚を常に再現するように心がけるのだ。

ここでは意識して行うことの「数」が重要になる。野球のバッティング一つとっても、体得しなければならないコツは一つではない。グリップ、スタンス、スイング、あるいは、呼吸や選球術など、たった一振りの瞬間の中にいったいどれだけの理論や技術、ノウハウといったものが詰まっているのか。野球の素人の私にはうかがい知れないが、おそらく膨大な数のコツが詰まっていることは容易に想像できる。フローで言えば状況やパフォーマンスは無限と言ってよいほどあるので、そこに最適なフロー状態をキープしたりリカバリーするには数多く意識してできるものが必要だ。

最終段階は、意識して身に付けた感覚を、下意識化する。努めて意識しなくても、自然に行動してしまう、自然にそう考えてしまうという段階である。野球選手たちが、バッターボックスやマウンドで、投げ方、バットの振り方をいちいち考えて意識してやっているかと言えば、そうではないだろう。

最初は意識して行っていたことが、何度も何度も反復練習を繰り返し、体得した感覚を

スキル化までのプロセス

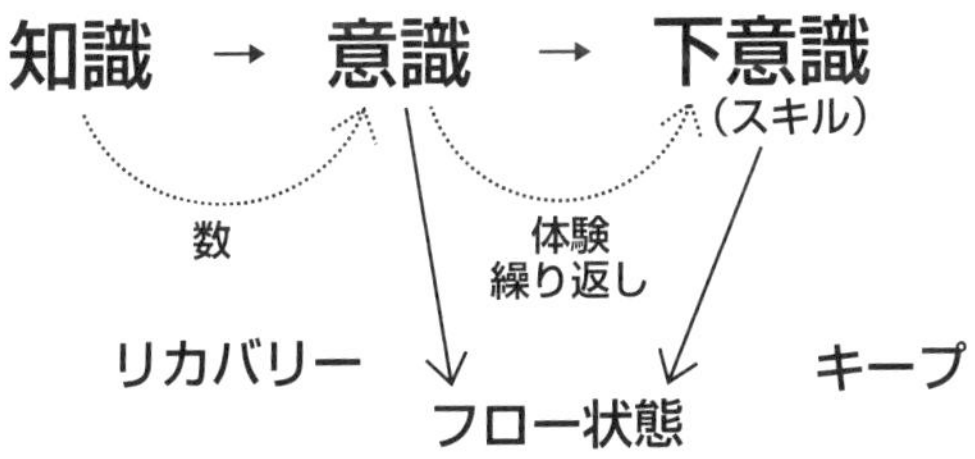

再現することを続けていくと、長い練習の末にいつしか体に染み付き、もう意識しなくても反射的に体が動き、思考が導き出されるようになる。自分の体得した感覚からずれてくると、意識しなくても元に戻そうとする恒常性が働く。

すなわち、この段階で重要なのは、「繰り返し」だ。考えなくても行動が出るまで、いつでも自分の中で確立した感覚に立ち戻れるように、その感覚とアクションを完全に自分のものにするまで体に覚え込ませる。実際にやったことでフロー体験すれば脳にしっかりとインストールされ、脳のバージョンアップが起こる。

そうして、一つのコツを下意識化のレベル

まで習得できたら、知識に戻って、次なるコツを意識化して体得し、反復によって下意識化していくという作業を繰り返す。これにより、「野球」という一つのスキルが身に付き、野球がうまくできるという状態がやってくるのだ。

フローも、このプロセスは同様である。

ただし、体得するのではなく脳得だ。身に付けていくのではなく、脳に付けていくのが脳トレーニングで、それによりライフスキルが標準装備化され、素晴らしいフロー状態がやってくる。

フローの知識化から意識化

はじめは一つ、どんなことでもいいから、意識してやってみる。

メンタルトレーニング講習でも、参加者に必ずこう言う。

「今日の一時間の中で勉強したことをテストにして、一〇〇点取ったところで二年たったらすっかり忘れているでしょう。それでは意味がない。そこで、この一時間の中でもっとも印象に残った言葉を一つだけ選んで、その言葉を一日何回言うか、目標設定をしてください」

野球の教則本を読んで理屈を納得しただけでは絶対に野球がうまくならないように、私の脳トレーニングも、理論を納得しただけでは絶対に身に付かない。意識して使ってみて、「なるほど、こういうことか」と、感覚として理解するまでやらなければ、フローにはなれないのである。

たとえば、最高のポジティブ・ワードとして私が提案している言葉に「ありがとう」という言葉がある。この言葉は、感謝の心というフローをもたらす最高のツールであり、「ぜひ、使ってください」と私は常に勧めている。

すると、たいていは、「そうですね。じゃあ、これからはなるべく『ありがとう』と言うようにします」と言う。これでは、フローにはなれない。

バッティング練習をしていて、野球のコーチから、「もっとスタンスを広く取れ」と言われれば、そのときにはそうするかもしれないが、「意識してスタンスをもっと広くとるようにしよう」と決め、練習を繰り返し、コーチが「スタンスを広く取れ」と言った意味を、「なるほど、こういうことか」と理解するまで続けない限り、そのうちコーチの指示を忘れてしまうだろう。

これと同じで、「ありがとう」と言えば、フローになれるという理屈はわかっても感覚的に理解しているわけではない。意識して使い続けない限り、そのうちに忘れてしまう。

そこで大切なことは、「ありがとう」と心の中でいつも唱えると決めることである。何があっても、「ありがとう」と言うと決めることである。そして、実際に、心の中で「ありがとう」と反復して唱え、何があっても、「ありがとう」と言うことを試練として自らに課す。それでこそ、感謝に対する意識が育まれるのだ。

極端に言えばこのとき、「ありがとう」と心底思っていなくても構わない。

これが意識の段階でやるべきことだ。実際には心穏やかでなくても、自分の心とは反して「ありがとう」と言うことで、実は、揺らぎ、とらわれている心をフローに戻す作用がある。感謝の心が芽ばえるまで待っていては日が暮れてしまうだろう。つまり、意識して行うということは、フローをキープするために、揺らぎ、とらわれてしまった心をリカバリーすることだけでなく、スキル化への第一歩ともいえる。

意識化から下意識化へ

フローのキープ率を高めるために、知識として得た手法を最終的には下意識化、スキル化させる。意識してフローをキープしようとするのと違い、ストレスに傾こうとする心を察知して、勝手に脳のシステムが作用する。これは無意識にできるということで、意識して行うことより効率もよいし精度も高い。結果的にフローのキープ率が高まることになる。

それでは、たとえば、「感謝」という意識を下意識化させたいときにはどうすればよいのか。まず、心の中で「感謝」あるいは「ありがとう」という言葉を何度も唱える。そして、実際に、言葉で「ありがとう」と言う。

辛い仕事をしているときには、「仕事ができるって、それだけでもありがたいんだ」という思考を選択する。誰かに嫌味を言われても、「至らない点を指摘してもらったんだから、ありがたいことだ」という思考を選択する。仕事が終わって同僚と別れ際に、「お疲れさん」ではなく、「今日も一日ありがとう」という言葉を選択する。こうして、意識して何度も繰り返していくと、だんだん無意識にできるようになっていく。

箸を持つのと一緒だ。親にしつけられて、何度も泣きながら練習しているうちに、考えなくても無意識に正しい持ち方ができるようになっている。その選択が結局は自分によいという体験がともなえばなおさらだ。

意識してやることは、はじめは浅く広くでいい。その中で、とくに体験がともなって、自分にとって価値のあるもの、身に付けていきたいと感じたものをさらに頻度アップしていく。ご飯を食べているときも、仕事中も、遊んでいるときも、「これをやっていれば自分はフローになれる」というものをたとえ一つでもよいから見つけ出して、意識してやり続ける。下意識化されるまでやり続けることが重要なのだ。そこにフローの小さな体験でもともなえば、より下意識化への道は進み脳力になっていく。

状況に応じたフローをつくり出すための個別の方法論まで一足飛びにいかなくてよい。まずは、いつでもどこでも使える、スタンダードで、それさえ念仏のように唱えていれば自分は気分よくなれるというフローキーワードをいくつか見つけて、いつでも、どこでもそのキーワードを使う、ということでもよい。これを「いつでも・どこでも化」と私は呼んでいる。

何度も繰り返し唱え、イメージを心の中でつくると、そのうちに意識しなくても勝手に心の中でその言葉なりイメージなりが出てくるようになる。するとフローのキープ率が高まるから、ほかのフローも身に付きやすくなる。

フローは、誰でも身に付けられるのか

これは証明しにくいので、あくまでも私の感覚による私見だが、ライフスキル、脳力の遺伝的要素は、おそらく三〇％ぐらいではないかと思われる。

この三〇％という値は、高いのだろうか、それとも低いのか。私は、ほかのスキルと比べると比較的遺伝的要素が低いスキルだと考えている。

家系によって、スポーツの得意・不得意、あるいは、理数系の計算の得意・不得意の傾向は確かに存在し、こうした能力は、遺伝的素因が半分以上あると言われている。大雑把に言えば六～七割が遺伝によってもともと持っている才能の部分で、残り三～四割が訓練や加齢によって獲得していくものだと考えられている。

スポーツなどはわかりやすい例だろう。

北京オリンピックにハンマー投げで出場した室伏広治選手の父親は言わずと知れたハン

マー投げの名選手、室伏重信氏であり、妹の由佳選手もやはりハンマー投げの女子日本記録保持者である。いくら、幼少のころから英才教育を受けたとはいえ、筋力や運動能力、体格などが競技に向いていなければ、こうはならない。

そもそも、体格や筋力、筋肉の質、骨格などは遺伝されるものであって、これらの要素が各々のスポーツに向き不向きを決定する大きな一因であることは言を待たない。たとえば、陸上の短距離種目では、上位はほとんど黒人系の選手で占められているが、短距離種目に向くと言われる速筋の比率が、全筋肉量に対して黒人種の平均は約七〇%、白人種で六〇%、日本人は五〇%である。これがそのまま、短距離系種目の世界での順位になっていることにお気づきだろう。

こうした種類の能力に比べると、ライフスキルは比較的に遺伝的要素が低い。もちろん、家系によって遺伝的要素がまったくないとは言わないが、「うちの家系は感謝できない」とか、「うちの家系はいまに生きる力がない」というようなことはあまりない。

つまりライフスキルとは、獲得性が高いスキルであり、誰でもフローになり得るということなのである。

脳の使い方

	左脳	右脳
一般的な使い方	分析的 論理的 ↓ とらわれ	感性的 感覚的 ↓ 揺らぎ
新しい使い方	判断し 選択する	イメージし 創造する

左脳と右脳のバランス

脳を鍛えるために、その中身、左脳と右脳の使い方をある程度つかんでおく必要がある。

左脳は一般的に、言語や計算能力をつかさどり、分析的な使い方をするとされる。いまの世の中で評価されるのは、通常、この左脳の能力だ。どれだけ計算が速いか、どれだけ物事を理論的にとらえられるか、どれだけの物事を記憶しているかが問われ、この能力が高い人ほど仕事ができる人だと思われている。

一方の右脳は、分析的な左脳に比べて感覚

的で、創造的な能力を発揮するとされる。

スポーツコミック『スラムダンク』の桜木花道は間違いなく右脳人間である。計算や分析は一切しない。そのとき思ったことを言い、やりたいことをやる。権威や既成概念には無頓着で、「とらわれ」が少ない。

こう言うと、右脳人間のほうがいいように思えるかもしれないが、必ずしもそうとは限らない。右脳は感覚的で、創造的なだけに、安定性が悪く、揺らぎやすいという特徴がある。

桜木花道は、「とらわれ」が少なく、いつも自由だけれど、晴子さん（桜木花道が所属するバスケットボール部の主将赤木剛憲の妹で、花道が好意を寄せている）の一挙手一投足によって容易にぐらぐら揺れてしまう。

その揺らぎを抑える働きがあるのが左脳である。「明日の試合に負けたらどうしよう」という根拠のない不安によって揺らいでいる心に対して、「大丈夫、あれだけ練習したんだ。戦術も間違いない。きっと勝てる」と組み立てて言い聞かせることで、根拠のない不安はやわらぐ。

一方、その左脳は分析的で、理論的に物事を明快に理解しようとするために、とらわれやすくなるという特徴がある。「これはこう」といったん決めつけてしまうと、違う面を見ようとしなくなり、一つの見方が固定観念化されていく。

この「とらわれ」を払拭してくれるのが、逆に右脳で、分析では導き出されない考え方や、別の見方を感覚によって気づかせてくれる。

すなわち、右脳、左脳、どちらがよいということではなく、両方のバランスが重要なのである。それぞれの脳の特徴を使って、揺らぎやとらわれを解いていくのが脳力の使い方の基本である。

新しい左脳の使い方

新しい脳の使い方とはどのようなものか。

まずは左脳からである。

一般的な左脳的脳力とは、分析的で理論的な思考力である。学校でずっと教わってきた正しい答えを出すという論理的な思考である。○か×、正しいか間違いあるいは常識的かそうでないかといった考え方で、教育のみならず社会構造もこの左脳的な使い方でつくり出されている。

一方、新しい使い方とはすなわち、自分の置かれている状況を分析し、論理的にとらえて、いま自分はどのような思考や言動をとれるのかを考え、複数の選択肢の中から最適な解を選び、実行を決断していくこと。つまり、自分がいまの瞬間にフローになるためにはどうしたらよいかを考え、選択し、決断することで、フロー状態を導くことである。ここでの思考は決して常識や正誤といった従来の考え方とは違う判断と選択だ。

そのための左脳の役割の一つが、心の状態を自己把握できる力である。すなわち、「いま自分は感情が悪くなっていて、セルフイメージが小さくなっている」と感知したら、状況に合わせてどのような心の状態をつくればよいか、そのためにはどのような思考や行動を選択すればよいのかを考えて実行する。つまり、自分の心を起点にし、心を常によくすることに集中する脳の使い方である。

自分の心を見て、心をよくするために思考を選択する、自分の心をよくするために言葉を選択するのである。そのために、まずは、状況を感知し自分の心がフローなのか、ストレスなのかを見極めフローにつながるアクションを起こさなければならない。その役割こそ左脳だと言える。

フローとＥＱ

脳力を使うことによって、フローな心をつくる力が強くなることを、ソフトではなくハードの面から考えてみよう。

通常私たちが、学校や社会で要求されている脳の力は、計算力や記憶力などの分析的な能力である。これを具体的に脳のどの部位がつかさどっているかというと、側頭葉である。側頭葉こそが人間を万物の霊長たらしめる能力の源であり、他の動物と比べてもっとも驚異的な発達を遂げているのだろう、と考えるのが自然である。ところが、人間の脳が他の動物と比べて大きく発達している部位は側頭葉だけではなくて前頭葉なのだという。

その前頭葉が何と関連しているのかというと、心の状態、その一つが感情なのだ。

人間と他の動物との違いはＩＱだと考えた人類は、側頭葉を鍛えることには熱心だったが、心の存在が置き去りにされていた。ところが実は、心の状態をつかさどる前頭葉こそ、人類がもっとも発達させた部位なのである。

さらに、側頭葉で行っている計算や分析をする能力を訓練によって鍛えられるように、前頭葉もトレーナビリティがかなりあることがわかってきている。

たとえば、脳科学者の研究によれば、人間は四〇歳を過ぎると前頭葉の委縮が始まり、これによって感情まで老け込んだようになってしまうという。そこで、前頭葉を刺激する訓練をすると、脳の委縮は止まらなくても感情の老化を防ぎ、かつ、年をとっても脳の機能的な進化を続けることが可能なのだという。

このことを理論的に解明しているのがＥＱで、ＥＱには、三つの知性、八つの能力、二四の素養があると言われ、フロー理論との共通項は多い。

ＥＱにおける自己認識力は、自分を自分で把握できる力であり、心の状態をわかって言葉化できる力であるというのは、フロー理論で言うところの自己把握力である。

脳力のトレーニングによって、心がフローになるということは、ＥＱが高まればフローになることとニアリーイコールであり、フローのトレーニングはＥＱを高めることにもつながっているのである。

脳科学から見たフローをもたらす三つの要素

脳科学の面から言うと、能力を形成していくためには、三つの要素が必要だという。その要素とは、知識、言葉、行動の三つ。

知識を得て、その知識を言葉化し、実際の行動に移すことで能力が形成される。ここまでは一般的なスキル化の理屈となんら変わりはないが、一つ示唆的な見方を提示してくれたのが『感動する脳』（茂木健一郎著・ＰＨＰ研究所刊）で紹介されている「体験をともなうことで、能力開発が強化される」という説だ。

スポーツでも仕事上のスキルでも、最初はやり方を理屈として理解し、知識化することから始まる。次に、知識化されたことを意識する。このときに、コツやノウハウを情報として意識するために言葉化する作業をする。たとえば、感謝する心を鍛えるためには、「感謝」、あるいは、「ありがとう」という言葉にして、心の中で常に「感謝、感謝」、「ありがとう、ありがとう」と唱えることで「感謝する心」に対する意識が生まれてくる。さらに、実際に何かあったときに「ありがとう」と言葉にして発することで、意識がさらに強化されていく。

このときに大事なことは、「ありがとう」なんて心の底から感謝に満ちあふれた状態になっていなくてもよいということだ。ただ繰り返しやってみることで、やがては感謝の心が芽生え、意識しなくても、いつでも感謝できる心がキープされる。

ここまではすでに説明したと思うが、ここで一つ、弱点があるのは、「感謝する気持ちがなくても、ただ『ありがとう』と言えばよい」という理屈はわかっても、ではその通りにやり続けられるだろうか、ということである。

効果のなさそうなもの、役立っている実感がないものに対して、人は価値を見出さない。「ありがとう」と何度唱えても、何の反応も、何のよいこともないとしたら、果たして続けていけるだろうか。

ここで強い味方になるのが「体験」だ。

心の中で「感謝、感謝」と唱え、何があっても「ありがとう」と言い続けていたら、実際にいいことがあった、あるいは、自分の中の感覚としてフローっぽい心が芽生えてきた。「ああ、こういうことか」と納得したら、「もっとやってみよう」という意識が強化されるはずである。

そういう意味で、何らかの反応があるまで、あるいは、感覚として一つのものをつかめるまで、とりあえずやってみると考えるのも一つの方法だろう。もしくは、すぐに反応がわかりそうなもの、体感を得られやすいものからまずはとりかかっていく方法が有効かもしれない。

《取り組み事例③》ファイザーでのフロートレーニング

製薬会社のファイザーから私にメンタルトレーニングのオファーがきたのも、社員のEQ能力の開発に注目し、全社員のEQチェックをはじめとする取り組みを行っていながら、その先の工程がなく、方々を探したあげく私のことを知り、「辻先生のやっていることが、EQを育成することにつながりそうだ」と思ったからだそうだ。

EQ能力が向上することは、フローをつくり出す一つの要素であってすべてではない。ただ、フローは数値化できないのに対してEQは客観評価できるという点で、両者を併用することには一定の意味がある。つまり、脳力を鍛えることでフローをつくり出す一方で、EQ能力もつられて向上しているのであり、フローをもたらす力を測定する上で、EQチェックは一つの具体的な指標となり得る。

ファイザーでのフロートレーニングは大きく分けると三つの柱で行っている。一つはエグゼクティブ・コース。会社が将来の幹部候補者をFlowerにすべくドクターコースとマスターコースに分け、年間六回のフロー理論の講義と個別のカウンセリングを行っている。企業経営にフロー理論が必要なことへの理解と、自分自身のFlowerとしての努力についてである。

二つ目は新人研修の一コマにフローの意義・価値などを知ってもらうための講演。一回の講演だが、鉄は熱いうちに打っている。頭も柔軟で素直な時期にこうしたフロー理論の話は具体的な内容は忘れたとしても、どこかに体験として印象が残っていることだろう。

三つ目はメディカル部門に特化して、数年間の継続的トレーニング。人事の取締役の方と部門長の方が、ストレスの多い直接生産性のはっきりしない部署において、さらなるパフォーマンスを上げて他企業との競争力を発揮するために、一人一人をFlowerにしたいという。そこで約二〇〇人の部署にいらっしゃる約二〇名弱のマネージャーたちに毎月メンタルトレーニングを一回三時間行うことにした。

第4章以降で、トレーニング内容や方法については簡単に触れるが、ここで改めて強調しておきたいことは、フロー度合の定量化は直接できないし、結果にすぐに結びつく戦略ではないので、参加者一人一人と部長職の方々が自分の肌でフロー状態とそこから生まれる価値について気づいていただくことが大切だということだ。幸いファイザーの部門長自身もトレーニングに参加され、ご自身も体験しながら、その意味合いを理解していただいている。成果は感じるものだと……。しかし、ファイザーの場合はEQの測定を企業全体で行っているので、それにも反映できたらいいですよねというスタンスでやらせていただいている。メディカル部門での「揺らぎ」と「とらわれ」の心が減り、Flowerが増えることを願っていまも全力でサポートしている。セミナーではないので毎回の内容はカリキュラムのように決まっているのではなく、毎回宿題を課しているのでその内容などを加味しながら、時々部門長と話し合って、内容を決定している。だからこそ、セミナー講師ではなく、カンパニーチームドクターとこのサポートを呼称しているのだ。

《取り組み事例④》慶應義塾大学ゴルフ部、フローへの道

アスリートや音楽家のようにパフォーマンスがはっきりするクライアントは、フロートレーニングの体験が比較的容易にわかるので、価値への理解も早くトレーニングもしやすい。特にメンタルトレーニングで学習したことをすぐに実践しようとする意欲のあるアス

リートや演奏家ほど体験が早くやってくる。体験するのでより積極的に Flower になろうとするのだ。フロー状態を維持するための脳力＝ライフスキルの獲得はそんなには簡単ではない。だからこそ、実践と体験が必要になる。これまでの経験でも不思議と一流になっていく人ほどそのフロー体験がすぐにやってくる。充実した演奏会ができたり、競技会でよい成績がメンタルトレーニングを始めて間もなくやってくるのだ。それはすぐに実践していくからなのか、そういう星の下に生まれているのかは知る由もない。もちろん、成績や結果にはそれを生み出す技術がしっかりとしていなければ、いくらフロー状態でもうまくいかないのも事実だ。わたしの記憶に残る選手やチームがいくつかある。

ライフセービングのアイアンマンレースで活躍していた佐藤文机子選手はその一人だ。引退も考え悩んだ末に、私のところにメンタルトレーニングを求めてやってきてから、Flower への変身が早かった。トレーニングの内容をすぐに日々の生活を含めて実践したところ、様々なフロー体験を感じ、実際に日本選手権でも優勝できた。その後は全米選手権でも三位になるなど、結局は全日本選手権も九連覇するなど充実したアスリート生活を送ることができた。いまでも付き合いがあるが、結婚して子供も生まれ、母として妻として Flower で生きている。

慶應義塾大学女子ゴルフ部は一昨年からチーム全員でメンタルトレーニングを始めている。すぐにゴルフの成績も向上、問題多きチーム事情の中でもフロー状態というキーワードでチームワークはよりよくなり、二部にあたるBブロックで優勝し一部のAブロックで闘えるまでになった。すぐにフローが体験となってやってきたチームはさらに力を入れて、それを実践しようとするので益々効果が出る。これまで体験効果がすぐにやってきて、長きにわたってメンタルトレーニングを継続しているチームに東京大学男子ラクロス部や成蹊大学女子ラクロス部などがある。

しかし残念ながら、すぐに体験とならずにフロートレーニングを持続できなかった苦い経験も少なくはない。トレーニング内容を実践できなかったのか、個人にばらつきがあったのか、技術の面で足りなかったのか、トレーニングのやり方が悪かったのかは定かではない。企業ではなおさらスポーツや音楽のように結果やパフォーマンスが見えにくいので、小さな体験を大事にしていただく企業人としての新しい目と感性を持っていただきたいと感じる。それが実は企業のこれからの成功のカギなのかもしれない。

第4章　フローに生きるための思考法

トレーニングの前に

実際に、フローな心の状態を得るためにはどうしたらよいのか、どうやったらフローな人 Flower になれるのか。その方法論について具体的に述べていこう。

ただ、最初に断っておきたいのは、ここに書いてあることはトレーニングのすべてではないということである。

実際に私が行っているトレーニングの全容をここでお伝えしようとすると、紙幅がどれだけあっても足りない。詳細な方法論を紹介するのは別の機会に譲り、ここでは、トレーニングの考え方、さわりの部分にとどめていることをご承知おきいただきたい。

もちろん、ここで書かれた方法を正しく繰り返すことで、自らフロー状態をつくり出すヒントになる。ぜひ、日々の活動の中で参考にしていただいて、実践してほしい。そして機会があったら、しっかりしたメンタルのコーチやコンサルタントの下で、フローの訓練を受けることをお勧めする。

①自分の感情を把握する

それでは、フローになるためにはどうしたらよいか。まず必要なことは、自己把握するセンスを持つことである。

心がフローになるために、これから紹介する方法を駆使する前段階として、いま自分の心がフローなのかストレスなのか、また、いまの状況に即したフローとはどのような状態かを判断し、最適な判断や行動を選択しなければならない。そして、それらを使ってフローをもたらしたら、心が本当にフローになっているかを感じ取る必要がある。

最終的には無意識にこのプロセスができるようになれば、フローは意識しなくてもやってくる。意識しているうちは本物のフローではないからだ。そのためのトレーニングプロセスと思ってやってほしい。もちろん、最初からなかなか感覚がつかめるものではない。心の状態を直接判断するのはとても難しいのだ。そこで、フロー状態とリンクしている感情に注目する。

感情は、自分で気づきやすいし、コントロールすることもある程度可能である。

フローな状態というのは一つではなく、極めてパターンが多いので、それに対応する感情のパターンもたくさん知って持っていなければならない。そこで、どのような感情があるかを、まず整理するのだ。

具体的なやり方としては、チェックシートを二枚用意し、一枚に「いい心の状態」を表す感情を、もう一枚に「悪い心の状態」を表す感情を、言葉にしてそれぞれ五〇ずつ列挙する。

五〇までいかなくて、途中で行き詰まってしまっても心配することはない。企業研修に参加している部長クラスの人でも、特に「よい感情」はなかなか出にくいもので、三つぐらい書いたところで手が止まってしまうことが多い。それだけ、現代人は自分の感情に鈍感になっているのである。こういうことに気づくことも、自己把握の一歩だ。

言葉が出てこなくて行き詰まったら、そのまま放っておいてかまわない。そのうちに、何気ない拍子に「あっ」と気づくこともあるだろう。そうして言葉が出てきたときに、改めて書き加えればいい。

②感情を一定間隔で認識する

感情を表す言葉を列挙したら、自分の心の状態がどうだったか、そのときの感情を振り返って確認する習慣を付ける段階に進む。

最初は一日単位からでもかまわない。「昨日一日、自分の心はフローだったか」と思い返してみる。一日ではスパンが長く、漠然とした表現になるはずだ。まずはそれでいい。慣れてきたら、次に、三時間ごとに区切ってみる。朝の七時〜一〇時ぐらいは、だいたい起床から仕事始めにあたる時間だろう。一〇時から一三時、一三時から一六時といった時間はもっとも活動的な時間、一六時以降は残業しているか飲みに行っている時間帯といったように、ある程度、区切りが見えてくる。その時間に、「どんな感情を持ったか」と思い出してみると、何かのきっかけで感情が動いていることに気づくようになる。

これを、できる人は頭の中だけでやってもいいが、私が研修で実際に使っている補助ツール「フロー・ステイタスシート」を使う方法もある。

縦の線は、その日、起きてから寝るまでの約一六時間を一五分ごとに刻んだものである。

本来は、寝ているときにもフローはあるのだが、なかなかそこまで把握できないので、起きている時間を対象にする。

そして、昨日一日を振り返り、一五分間ごとに、その間自分の心はフローだったかストレスだったかを自己採点し、縦ラインの間にマーカーでポイントを打っていく。その際、フローとストレスの中間をイーブン状態とし、どれぐらいのフロー度合い、ストレス度合いだったかによって、ポイントを打つ位置を一日の中でぶれがないように調整する。フルフローであれば、縦ラインの先端部分、ややフローであれば、イーブンよりちょっと上といった具合である。フローとはすなわち、「揺らがず・とらわれず」の心の状態だ。

このときに、注意してほしいのは、ポイントとポイントを決して線で結んではいけない。一五分前のフローと、いまのフローは違うものであり、連続していないからだ。このシートは自分の感情の動きをイメージとして把握するものであり、感情が連続しているイメージを持ってしまうと、経験によってつくられた過去の感情を引きずってしまう。常にリセットをしていくイメージが大切だ。だから、つなげてはいけないのである。

一日分を振り返ってポイントを打ったら、改めてシートを眺めてみる。おそらくほとんどの人は、点の連なりが株式相場のような山と谷を繰り返しているはずだ。ここで、山や谷になっている部分にそれぞれ着目し、その時点でどのような感情を持ったかを書く。それができたら、さらに、そのときに何があったのか、状況を書く。状況によって、ストレスとフローが切り替わっている様子がわかるはずだ。

いままで、いかに状況に心を委ね、状況を主体としてしまっていた自分に気づくことが第一歩なのである。この時点では、「ああ、自分は状況によって心が動いてしまっているんだ」ということが確認できればよい。すなわち、タイプ１状態だ。

最後に、マークした部分より下の部分を一五分ごとに、そのときのフローのイメージに合う色を塗る。ストレス側も同様に、マークより上の部分に、そのときのストレスの状態に合った色を塗る。どういう心の状態の時に何色というのは決まっていない。自分の感覚でいい。そうして、自分の感覚によって感情を色でとらえることで、心の動きをイメージとして認識する訓練になる。いろいろなフロー状態があるのだということを知ることもこのトレーニングの目的の一つだ。状況に応じてマークの位置が変わるのではなく色を変えてフローをキープするのである。

これを何回も繰り返すと、自分の心の状態を感覚で常時把握できるようになる。すると、一日たってから「昨日はどうだったか」と振り返るのではなく、一五分ごとに、「いまの

フローステイタスシート

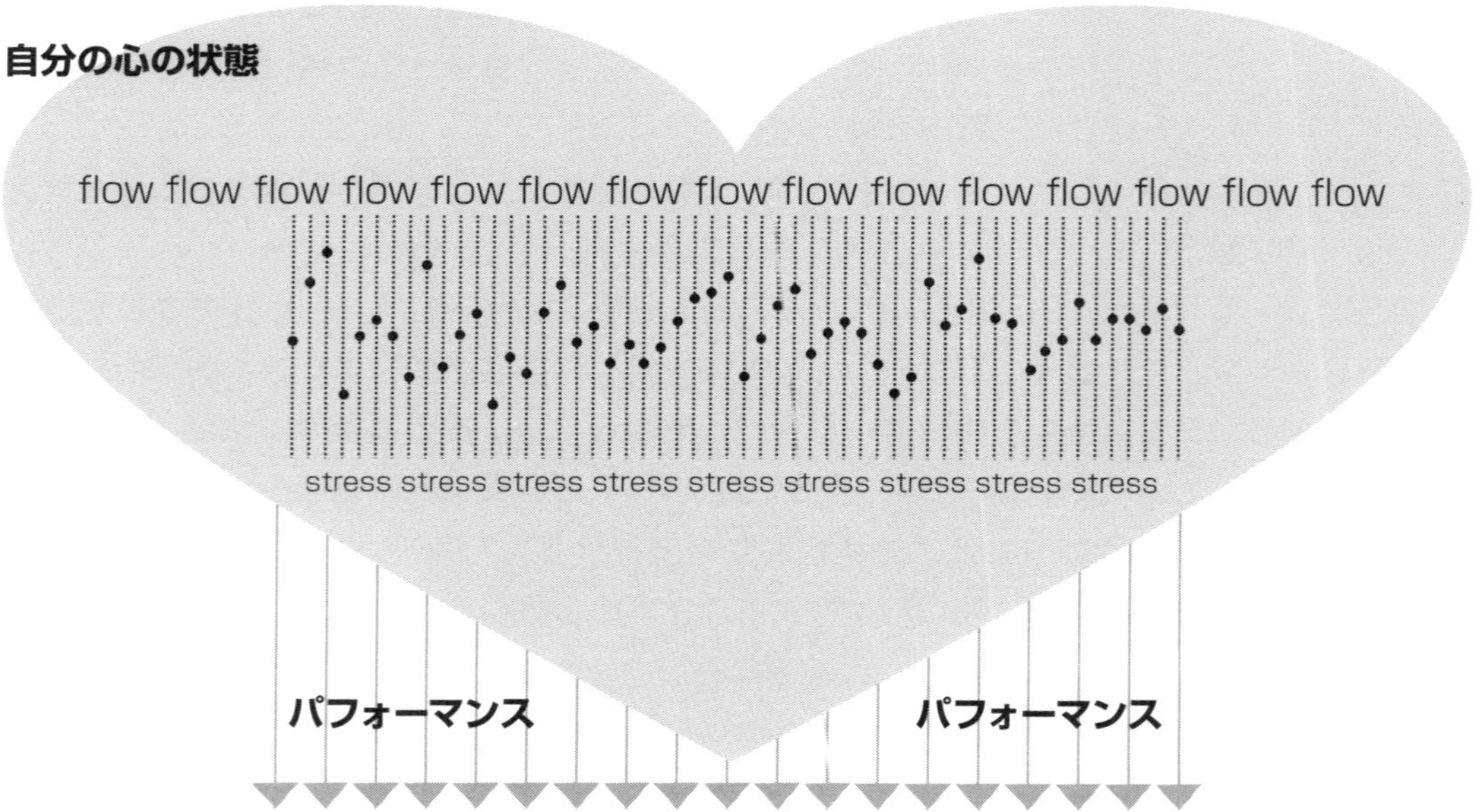
自分の心の状態
flow flow flow flow flow flow flow flow flow flow flow flow flow flow flow
stress stress stress stress stress stress stress stress stress
パフォーマンス
パフォーマンス

一五分はどうだったか」と振り返り、そこでリセットして、よい心の状態をその都度取り戻していく習慣を身に付けていくことができるのだ。

フローに導く社会力を磨く

社会力とは、社会の中で自分の持っている力を余すところなく発揮し、自分らしくフローで生きるための能力である。

フロー力としないのは、フローは心の状態であって力ではないからだ。フローな心の状態をつくることによって、本来持っているパフォーマンスがいかんなく発揮されるのであり、その状態を導くためのスキルが脳力である。つまり、Flower の持つ脳力を社会力と呼ぶ。

社会力と名付けたのは、自分の力を発揮する場が常に他人とかかわる場所、すなわち「社会」だからである。ビジネスマンにとっては仕事力と言ってもよい。

具体的には、社会力を獲得するためのポイントとして、次の七つがある。

意志を大事にする

自分ツールを最大利用する
思考を選択する
フォワードの法則にしたがう
イメージを大切にする
チャレンジする習慣を持つ
目標と夢をうまく持つ

この特徴は、すべて、「そう考えることにしよう」、あるいは、「そうすることに決めた」と自分が思えばできる、という前提があることだ。「楽しい」という感情はフローだが、「楽しい」という心の状態をつくるのはすぐには難しい。ただし、「楽しもうと考える」ことはできる。ここが非常に大事なポイントである。

フローを直接つくることはできないが、「楽しもうと考える」ことで結果的にフロー状態がもたらされるのである。

そして、七つのポイントで脳力=ライフスキルを鍛えることによって、いつでもどこでも、どのような状況下でもフローをもたらす社会力を身に付けることが可能となる。

①意志を大事にする

社会力とは、「そう考えることにしよう」、あるいは、「そうすることに決めた」と自分が思えばできることだと言った。まず、「自分の意志によって自分の心を決めることができる」という前提を認識することが大事である。

意志の力を、英語では「ＷＩＬＬ」と言う。

この、「ＷＩＬＬ」を実践している一人が、私の尊敬するパッチ・アダムス氏である。彼はアメリカで活躍する現役の医師で社会活動家でもある。金儲け優先の医療の現状に疑問を抱き、自ら信じる医療を実践するため、人にやさしい医療を無料で提供する〝お元気で病院〟（ケズントハイト・インスティテュート）という施設を自力で開設するとともに、診療活動のかたわら、世界の孤児や患者を慰問する活動を続けている。彼をモデルに、ロビン・ウィリアムス主演で映画化されているので、その名を記憶している人は多いはずだ。

彼のテーマは「ハッピー」だが、私の考えている「フロー」と共通している部分が多い。いわく、「僕は一八歳のとき、自分はいつでもハッピーでいようと決めたんだ。だから僕はそれ以来ずっとハッピーなんだ」と。

するとそれに対して「パッチだって嫌なこともあるのではないですか。そんなときはどうやって対処しているのですか」と問うた人がいた。彼は何と答えたか。

「そうじゃないよ、嫌なことがあろうと、なんだろうといつでもハッピーでいようと決めたんだよ。これは僕が決めたことだから、何が起ころうと関係ないんだ。周りの出来事はどうしようもないけれど、自分がハッピーでいると決めることはいつでもできるはずでしょ」と。

確かに、孫が生まれたときのハッピーと、仕事で失敗したときのハッピーは違うけれど、何があってもハッピーだと受け止めることはできる。なぜなら、ハッピーというのは自分の心の中のことであるからだ。状況を受け止めて、自分の心の中でハッピーとアンハッピーを選択してしまっているだけで、常にハッピーを選択しようと決めれば、いつでも何があってもハッピーでいられるというわけだ。

それでもいぶかしがる質問者に、彼は言う。

「道路に飛び出さないと決めてから、かれこれ何年守っている？　数十年でしょう。その誓いを守るために苦労したこともないはずだ。一度決めた意志をちゃんと貫いているじゃないか。僕がハッピーでいようと決めたのは、それと同じことなんだよ」

世の中にはたくさんの不快なことがある。不快なことに、いちいち心をかき乱されていたら心がくじけてしまう。そこで、耐えられなくなると、人は「逃げる」という思考をとる。目の前に不快なことがあると逃げたくなってしまうのはわかるが、一時的に逃れて脇道にそれても、そこにもまた必ず不快なことはある。生きている限りは基本的に不快なことから逃げ切れない。

ではどうするか。パッチ・アダムス氏の言う「ハッピー」も、私の「フロー」も同じだが、世の中から不快なことをなくそうということではなく、どんな不快なことがあっても自分は快で生きるという「意志を選択する」ことなのである。

この意志を選択しないとすると、他にどんな選択肢があるのだろうか。そのパターンはだいたい決まっている。

逃げる＝不快なことから逃げ続ける。正面から向き合って克服しようとは思わない。だから、まっすぐ進めないで、常に脇道にそれ続ける。

諦める＝「勝ちたい」、「認められたい」という欲求を諦められないから辛いのだと気づき、勝つことを望まず、認められることを放棄してしまう。

考えない＝指示されたことを、ただ愚直にこなす。一見すると素直ともとれるが、いまの世の中でこのタイプは通用しない。考えないから何も生み出してはいないのだ。

忘れようとする＝嫌なことを忘れようとしたところで、本当に忘れられるわけがない。それでも無理に忘れようとする。よく使われるのがアルコールの力だ。お酒を飲めば、脳がマヒするから一時的には本当に忘れることができる。しかし、結局翌日になれば脳が正常に戻り、嫌なことを思い出す。

我慢する、耐える＝もっとも多いのはこのタイプかもしれない。耐えていればいつかよいことがあると信じて待つ。苦あれば楽ありというのは、日本人特有のメンタリティーらしい。我慢している状態は、フローからもっとも遠い。セルフイメージは小さいし、強固にとらわれている。

このように見ていくと、「不快をなくす」という発想では、不快から逃れられないことがわかるはずだ。「快をつくる」という発想でしか、フローには生きられない。

言ってみれば、人生とは、不快という海の中に飛び込み、大陸を目指して泳ぐようなものかもしれない。この場合、フローは浮き輪で、脳力は浮き輪に空気を入れるポンプである。誰でも、浮き輪は持っているし、空気も少しは入っている。だから、波が比較的におだやかだったころは、なんとか海を渡っていけた。しかし、いまの時代は海が荒れている。そこで躊躇して、いつまでも海に飛び込まないで、不快を回避しようとすれば、いつまでも理想の大地にたどり着けない。かといって、心もとない浮き輪のまま不快の海に身を投じれば、たちまち荒波にのみ込まれてしまう。そこで、浮き輪に空気を送るポンプを標準装備し、かつバージョンアップする必要が出てきているのである。浮き輪が大きいほど荒波でも安定しやすいからだ。

ともあれ、意志の力は、自分でマネジメントできるのだということに焦点をおいてほしい。幸・不幸を決めるのは状況ではない。自分の意志を大事にするという考えを改めて見直してほしいのだ。

②自分ツールを最大利用する

1）自分ツールが心をつくる

実は、よい感情を導き出すツールを私たちはすでに持っている。それは、思考、表情、態度、言葉の四つだ。これを私は「自分ツール」と呼んでおり、自分ツールを駆使することで、心をよい状態に導くことができる。

といっても、ピンとこないかもしれない。というのも、通常、ほとんどの人は、自分ツールを使いこなしてはいないからだ。多くの場合、自分ツールが、起こった状況に対する反応物になってしまっている。

たとえば、苦手な人が自分の陰口を叩いていたことを知ったとする。すると、「今度やり返してやる」という悪い考えが芽生える。表情はしかめっ面、舌打ちするなど不快なことを態度で表す。「あのヤロー」などという汚い言葉を使う。こうしたことをほとんど無意識のうちにやってしまっているはずだ。そうして、心はどんどん悪い状態になり、ストレスが増大する。

では、自分の心が悪い状態になったのは、悪口を言った人のせいだろうか。よく考えてほしい。思考も、表情も、態度も、言葉も、何も考えず状況を表現するために反応しているにすぎない。確かに、相手はあなたの悪口を言った。しかし、あなたの思考や表情、態度や言葉を直接操作したわけではない。悪口に反応してしまったのは自分であり、ただ悪い思考、表情、態度、言葉で表し、さらに自分の心を悪くしている。

自分で自在に操れるはずの自分ツールが、状況に対して、なぜこうも安易に反応してし

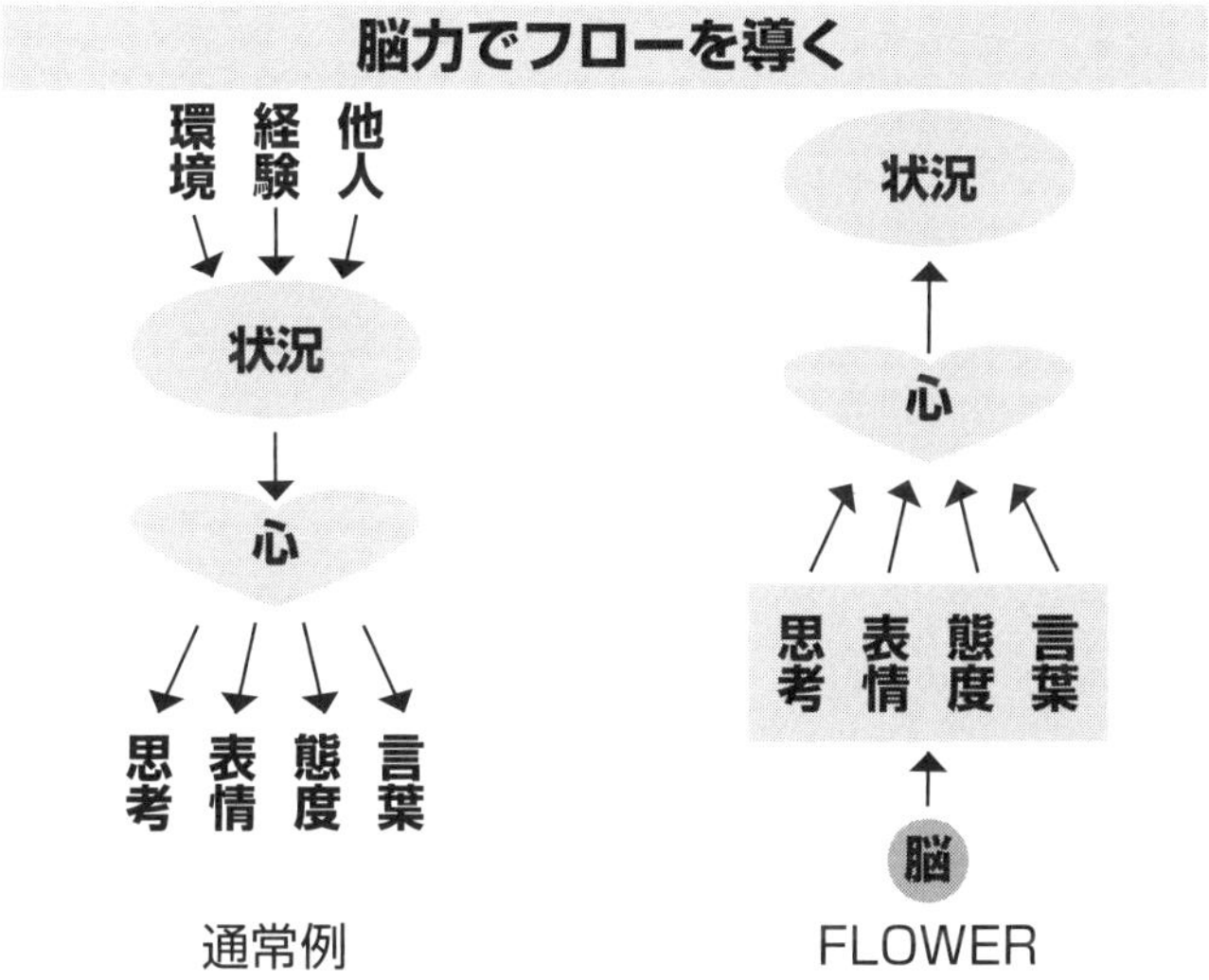

まうのか。これには理由がある。

動物は、危険が迫っている兆候を感知すると、とっさに恐怖を感じて無意識に回避行動をとるように、ある状況の中で起こった感情を覚えていて、同じ感情が起こったときに常に同じ反応をする傾向があることは先述した。

これは私たちが進化の中で勝ち取った一つの特性であり、状況を学習して感情として覚えていて、思考や身体の反応を自動化することによって、危機やチャンスに対する素早い反応と効率性を追求してきた。

ただ、これが悪い面で出てしまうこともある。つまり、何かよくないことが起こったときに起こした思考、表情、態度、言葉を脳が学習し、同じ状況が起こったときにほぼ自動的に同じ反応をしてしまうようになる。そして、困ったことに、状況の反応で出てしまった自分ツールが自分の心を支配してしまっている。

しかしこれまで述べてきたように、たとえ意志に反してでも、あえて、よい思考、よい表情、よい態度、よい言葉を使い続ければ、いつでも、何が起こってもよい心の状態になることができるのである。そして繰り返しによって脳が学習し、いつでも、何が起こっても自動的に「よい反応」をするようになり、よい心の状態すなわちフロー状態がつくられていくわけだ。

自分ツールは、すべて自分で完全にコントロールできるものだ。普段は、状況に委ねてしまっているかもしれないが、自分の意志で意識すれば、すぐにでも使いこなすことができる。どんなことが起こってもよい表情でいよう、よい態度でいよう、よい言葉を使おう、よい思考を選択しよう、と決めて、実行することである。

2）自分ツールを意志で選んで使いこなす

自分ツールのよいところは、「誰でも持っている」ということにある。フローになるためのツールは、特殊なすぐれた人間だけが持っているわけではなく、誰でも持っているのである。フローを体得し、結果を出している Flower たちは、初めからフロー体質なのではなく、四つの自分ツールを駆使してフローな心を保つように努力しているのだ。

自分ツールのよいところは、他にもある。それは、「いつでも持っている」ことだ。思考も、表情も、態度も、言葉も、「いまは使えない」ということはない。二四時間、四六時中いつでも自分の意志次第で使うことができる。

いついかなるときも、状況の変化に合わせて、よい心の状態になるために、いまどのような思考を持つべきか、いまどのような表情をすべきか、いまどのような態度をとるべきか、いまどのような言葉を使うべきか、考え、選択していくことが可能である。

四つの中で私が特に重要と考えているのが言葉だ。

「口に入れる食べ物で身体ができるように、耳に入れる言葉で心ができる」

長年にわたって何も考えないでジャンクフードばかり食べていれば、身体は絶対におかしくなる。脂肪分の多い食事を摂り続ければ、当然のように太る。塩分の多い食事を続けていれば、当然のように高血圧になる。例外はない。度合いの差こそあれ、誰でも同じ傾向をたどる。

これと同じように、何も考えないで、ただそのときの状況に反応して浮かんだ言葉をそのまま発していれば、心はその言葉の通りになる。他人の言葉にも影響を受けるし、まして自分の言葉であれば疑う余地はないから、口から発せられた瞬間に、たとえ冗談でも極めて大きな影響を自分自身の心に与えてしまう。

ジャンクフードが徐々に身体を蝕むように、ジャンクワードも徐々に心を蝕む。悪い言葉、ネガティブな言葉を使い続けると、自分の心をどんどん病的にしていくことになる。ネガティブ・ワードは瞬時にセルフイメージを小さくするだけでなく、長く続けていけばセルフコンセプトの中までネガティブになってくるのだ。

たとえば、「最悪」というのは、「もっとも悪い」ことなのだから、そんなに頻繁にはないひどい状態のことを指しているはずである。こんな超ド級のネガティブ・ワードをいとも簡単に使う人が存外多い。何かにけつまずいただけで「サイアクー」、雨が降っているだけで「今日は最悪だ」という具合だ。ただ雨が降っているだけで最悪なら、その人の日常はひどいことだらけになってしまう。

さまざまな企業を産業医やカンパニーチームドクターとしてサポートさせていただき感

じることがある。挨拶代わりに「お疲れ様」と「ご苦労様」という言葉の多いことだ。会社で初めてすれ違った社員からいきなり、お疲れ様と朝の挨拶をされるのには閉口する。英語ならグッドモーニングでいつもグッドだ。How are you? なら Fine! だろう。朝一番で顔見知りでもない来訪者に、You are tired, aren't you! とは世界がひっくり返っても言わないに違いない。メールのタイトルにお疲れ様ですと送られると、疲れてもないのに嫌だし、疲れていたら余計に疲れるので、私は個人的にはネガティブ・ワードに思える。ご苦労様と講演会の後によく声を掛けていただくが、ご苦労様は通常、同じように苦労を共にし合った仲間同士が労をねぎらうときに言う言葉のように思う。講演会を聞いていただいた方や主催者の方から言われるとフローを阻害されるように感じるのは私だけだろうか……。会社にいるとこのような言葉が日常普通に使われている。悪気は誰もないが、習慣になっているのだ。言葉を選んで使うようになると、このようなちょっとしたことでも気になる。

ポジティブ・ワードの代表格は「ありがとう！」だ。講演会の後でフローになる言葉はやはり「ありがとう」だ。私がチームドクターをしているチームでは練習の後もお疲れやご苦労さんではなく、みんなで今日も「ありがとう！」である。

イチロー選手がマスコミのインタビューにゆっくり言葉を選んで話しているのはみんなにどう思われるかとかを考えているのではなく、まさに自分の耳に自分をフロー状態に保つためにどんな言葉を入れるかを真剣に考えているという証である。

このように思考、表情、態度、言葉の一つ一つを、もっと考え選んで丁寧に使うように心がけてほしい。まずはフローになるポジティブ・ワードを日ごろから意識して使い続けることである。

③思考を選択する

思考も自分ツールのうちの一つであるが、この選択は重要であるのに加えて、内容が複雑なのでここで改めて解説する。

心理学の上では、すべての結果は、周りの状況ではなく、その人の思考・意識によって決められていることが、すでに解き明かされている。これは、「ＲＥＢＴ」として知られている概念である。

周りの状況に対応して意志（Rational）を選択した結果、それに即した感情（Emotion）が起こり、さらに、その感情が行動（Behavior）を促し、行動によって結果がもたらされる。通常この考えを心理学では治療に使うため「Treatment」のＴとしているが、私は理論（Theory）の頭文字あるいはトレーニングのＴと思っている。結果とは、自らの預かり知らない神の手みたいなものによってもたらされるものではなく、何のことはない、自分の心がつくっているのである。

たとえば、新年度の初出社のとき、奮発して新調した一張羅を着て家を出た途端、前日に降った雨でできた水たまりの泥を車がはねて、大切な一張羅を汚された。どんな気持ちになるだろうか。それこそ、「サイテー」などと言ってしまうだろう。

仕方なく家にとって返し、去年まで来ていたよれよれのスーツに着替える。張り切っていた気持ちがいきなりくじかれた上に、着替えのために余計な時間をとられた。遅刻しそうになり、気がせいているから余計に感情は悪くなる。

やっと会社についた途端、知った顔の同僚をつかまえて、さっそく「もう最悪だよー」と愚痴をこぼす。もうその日一日がこれで台無しだ。

ところが、状況は同じでも、汚れたのがたまたま背中だけで、自分はそれに気づかなかったとしたらどうだろう。もちろん、誰かに指摘されたり、服を脱いだときには気づいて、やっぱり「サイテー」と言うだろうが、気づくまで気分は変わらない。

つまり、感情を動かし、行動を左右した原因は泥はねではない。汚れていることが問題なのではなく、それを自分の思考や意志でどう解釈しているか、なのである。

起こった状況を、スルーさせてしまい、ダイレクトに心で受け止めてしまっているから、「サイテー」になってしまう。心の状態は思考が決定しているのに、いつもだいたい素通りさせてしまっているから、実はそこに思考が介在していることに気づいていないのだ。

フローになるための思考法として、どうしても押さえておかなければならない重要なポイントは五つである。それは、

いまに生きる思考

好きを大事にする思考

一生懸命を楽しむ思考

変化を重んじる思考

自分に素直な思考

1）いまに生きる思考

フローな心をもたらすために、特に大事なのが、過去よりも「いま」を大事にし、未来よりも「いま」に集中し、いますべきことを「いま」する思考だ。

「いま」の自分はいままでの「いま」の連続によってつくられているから、「いま」を高めることの連続によって未来の「いま」がよりよくなっていく。だから「いま」が大切なのである。

こういう思考を選択することを、あえて意識しなければならないということは、放っておくと私たちはいまを大事にしないということだ。なぜなら、いまを生きるより、過去や未来を見ているほうが一瞬楽なのだ。

いまは一瞬だから常に流動している。「いま」と考えているうちに「いま」は過ぎていくから、ずっと「いま、いま」と意識していなければならない。これは慣れるまで結構大変かもしれない。ついつい動かない過去のことを思い浮かべる。でも過去は変えられないから、とらわれ、後悔が生まれ、フローからどんどん遠ざかる。

一方、未来に思考が飛ぶ理由は、いま目の前に辛いことがあるから目を背けたいときだ。過去を振り返っても後悔するばかりで不快だし、目の前の辛いことから逃れられないこともわかっている。けれど現実を直視するのは辛いから、何も書いていない未来を見るという思考が容易に起こる。未来に思考をとばせば未来はわからないので不安となり、フローは阻害される。

イチロー選手ならこうだ。マスコミはイチロー選手に「二〇試合連続安打が途絶えましたねえ」「おまけに打率三割三分を切って首位から転落してしまいましたねえ」と過去へ過去へ思考をもっていきフローを阻害してくる。そんなとき、一緒になって思考を過去へ飛ばし、「そうですよね、昨日は最悪でしたよ」などとネガティブ・ワードをもって過去に生きることはしない。こう答える、「別に！」そして「いまするべきことをするだけです！」と。未来に誘惑されたらこうだ。「来年も二〇〇本安打打てるでしょうか？」「大リーグでいつまで活躍できますか？」と。そんなことわかるわけないので、一緒に思考を未来に飛ばし不安にはならない。そんな質問には同じように「別に！」だ。そして、必ず「いまするべきことをするだけです！」と。

いつも思考の選択を「いま」に置き、過去や未来へ行かないのだ。いまに生きるとは、いま目の前にあるするべきことに注力する生き方である。すなわち、するべきことを考えそれに全力を尽くすことだ。このような考え方をアクション・フォーカス（action focus）

と呼ぶ。いまという瞬間にしか人は生きることができない。そのような生き方を自らの意志で選択できる人こそ、社会力の持ち主と言えるのである。

2）好きを大事にする思考

好き嫌いは感情なので、嫌いなものでも「好きになれ」というのは難しい。ただ、「好きを大事にする」という考え方はできるはずである。

日本人は、だいたいにおいて、学校に通い始めることから、「好き」という感情は価値の低いものだと教えられる。幼児のころ、すべての価値基準は、好きか嫌いかであったはずだ。お母さんが好きだから、お母さんと一緒にいると幸せ。好きな食べ物が出てくるとうれしい。好きなものだけを周りに集め、好きなことだけをした。だから幼年時代は幸せだった。しかし学校に入るころになると、好きか嫌いかの価値は失われてくる。国語が好きだといっても評価されない。できるか、できないかである。次第に、好き嫌いを価値基準の外に置いてしまうように訓練されていく。

でもこれは大きな間違いである。好きだから意欲がわき、熱中する。無理やり勉強机に向かわせるより、勉強を好きにさせてしまうことのほうが効率的で成果も高い。だから、優秀な教育者は、教科に対する苦手意識を持っている子供にも、その教科の面白さ、楽しさに気づかせることを考える。好きになってしまえば、勝手に学ぶのである。

仕事でも同じである。好きなことを考えること、好きなことをしゃべること、好きなことを見つけること、好きなことをすること、いろんな好きなことを大事にする方法を日常生活の中に持ち込む思考法が、日常を限りなく豊かにする。

会社の役員会議などにファシリテーターとして出席させていただくと、たいてい一人二人は寝ている人がいる。そんなときは、すぐに中断する。退屈で寝ている状態は、フローとはほど遠い。よいパフォーマンスが出るはずがない。

そこで、「会議を中断して、好きな食べ物の話をしましょう」と提案する。「こんなまじめな会議で食べ物の話なんかするのは不真面目だ」と思う人もいるらしい。反発する人もいる。

しかし、会議が煮詰まって、みんなで頭抱えて唸っているぐらいなら、業務には関係ないと思われても好きな話をしたほうがよい。フロー状態で会議していないこと自体が私に言わせると不真面目である。スポーツでも、休日の計画でもいい、好きなことを話すと少しフローになるはずである。それからまた再開すればよい。何でも嫌いと言っているような人は周りにいないだろうか。あの人嫌い、この仕事嫌い、この環境嫌い、嫌い嫌い……。この人の周りには好きなものがないのではない。物の見方、すなわち思考の選択が悪いのだ。人は人や物の悪いところを見ると嫌いという感情が想起される。よいところを見ればその逆で好きというフローの感情が生じる。自分の見方、思考次第なのだ。別に恋愛ではないのであの人のことを好きになったら私の負けだということなどないのだ。むしろ嫌いという感情を抱えフローからほど遠くストレスで生きて負けているのは自分のほうだ。よいところを見るという思考で生きるべきである。

好きを大事にする思考法がフローをつくる。これは、嫌なことは放っておいて、好きなことだけやっているということではない。やるべきことはやらなければならないのだから、そこに好きになれる要素を見つけ、楽しみを演出することで、嫌々やるのではなく、好きなことに転換してしまうという思考なのである。

3）一生懸命を楽しむ思考

過程、プロセスを大事にするということは、つまり、これまで何度も言ってきた「結果にとらわれてはいけない」ということと同義である。

ここで再度強調しておきたいのは、「結果なんかどうでもいい、そんなものは度外視してしまえ」と言っているのとは違うということである。むしろ、結果を出すためにこそ、結果にとらわれない思考、過程を重視する思考がフローを生み出すので重要なのである。

結果は基本的に刹那的である。その喜びは一瞬だ。結果の喜びだけでしかフローになれない人は、過程がいつもしんどい。そして、一瞬の歓喜が過ぎれば、次の瞬間にはもうストレスに傾く。次の目標が待っているからだ。

この状態で、結果を維持し続けるのは不可能である。過程がフローでないから、パフォーマンスがなかなか上がらない。なんとか歯を食いしばって、いつも最後はどたばたで帳尻を合わせていたはずである。それではいつか限界を迎えるのは明らかである。それでも、歓喜の瞬間を心待ちにしながら、歯を食いしばって我慢して耐えている。いまのほとんどの会社のまじめなビジネスパースンたちの平均的な姿がそこにある。

本当に結果を出したいなら、過程をよくすることに、もっと注力しなければならないはずだ。なぜなら、過程がよければ、結果は必ずついてくるはずであり、その反対に、結果にとらわれたことで、過程において最適なパフォーマンスが発揮できなければ、結果がともなわないからだ。

スポーツの世界には「練習は裏切らない」という言葉がある。偶然のいたずらによって、ときにピンチやチャンスが巡ってくることもあるけれど、努力して培った力が最後にものをいうことを選手はよくわかっている。

結果を出すためには、過程をいかにフローな状態で取り組めるか、楽しくプロセスを踏めるかが大切なのである。

しかし、間違ってほしくないのは、結果に対する喜びを放棄しろと言っているわけではない。結果というのは、人間の本能として欲するものを得るということだから、結果が得られたときというのはもっとも興奮するものである。言ってみれば麻薬みたいなもので、その魅力に人間はどうしても抗しがたい。

結果に対する欲求を刺激することが、モチベーションを上げるためにもっとも有効な方法であり、効率もよいのは確かである。だからみんな、ついつい結果に取りつかれてしまう。

しかし、結果にとらわれるとフローではなくなり、パフォーマンスが落ちる。ここで結果と同等に喜びを得ることの一つとしてぜひ注目してほしいのが、「一生懸命にやる」という過程を重視する考えだ。

人間には「一生懸命にやることが楽しい」と感じる遺伝子がある。

結果の喜びとはまた少し違うが、何かに夢中になって、熱心に取り組むことそのものに、喜びを覚える特性を人間は持っている。

子供のときは、いつも何をやっていても楽しかったものだ。なぜあんなに楽しかったのか、思い出してみると、一生懸命やっていることそのものが楽しかった。

大人になると、ついつい結果にとらわれるようになって、あのときの無我夢中の楽しさを忘れてしまう。

仕事でも勉強でもスポーツの練習でも、一生懸命にやることは格好の悪いことではないし、とても楽しいことなのである。それは、ディズニーランドに行ったときの「楽しい」とは違う楽しさである。カラオケで仲間と騒いでいるときの楽しさとも違う。けれど、どのような場面でも、まず一生懸命にやる自分をつくる。まさに無我夢中、我を忘れるほど夢中になることは楽しい。とてもフローな状態である。

スポーツの世界で「ＰＬＡＹ」の精神を大事にしているのはこのためである。「バスケットボールをしよう」を英語で言えば、Let's Play Basketball であり、そのまま〝バスケットボールを楽しもうぜ〟と同義だ。そして、それを一生懸命にやる。Play hard だ。

一方、日本語では、単に「する」という動詞しか存在しない。play のような動詞はないのだ。だから、楽しむと一生懸命に「する」を共存できないのである。アメリカがスポーツ大国でいられる理由は、こういう発想にあると思う。

それぞれのスポーツの楽しさを子供たちに教える。楽しいことは、子供たちは率先して一生懸命にやるから、能力も向上する。それは、単に競技の技術だけではなく、ライフスキルが総合的に向上するから、結果的にプロ選手にならなくても、その後の人生においてスポーツの経験が大きな糧になる。

フローの根底は Play Hard の思考にあり、Let's play job hard であり、Let's play life hard の精神がフローを生む。「一生懸命だけど楽しむ」の発想ではなく、「一生懸命だから楽しい」の発想である。

4）変化を重んじる思考

過程を大切にする思考の類型として重要なのが、変化を重んじる思考である。

結果は、ゴールした後にしかやってこない。そのスパンが長く待ち遠しい。しかし、変化は、ある時点からある時点まで、どこで区切っても、必ずそこに存在する。

人間のやる気を引き出す根幹の動機付けには、内発的動機と外発的動機がある。外発的動機は、賞罰など外部から与えられる刺激による動機であり、ある目的を達成することが自分を動かす原動力になっている。だから、過程そのものは楽しくない。もう一つの内発的動機は、自らの関心や好奇心、意欲によってもたらされる動機であり、この場合、結果は重要ではなく、その根幹は、自分の変化、成長への喜びである。

変化に対する意欲、つまり向上心が人間のやる気の根幹にある本能であり、この本能を自ら刺激する思考を持つことで、やる気を持続し、パフォーマンスを向上させ、遠いゴールまで導くエネルギーになる。

オリンピックに出場して、メダルを獲ってしまうような人は、変化を大事にする思考が強い人だと思ってまず間違いない。彼らは、結果は変化の集大成であることをよく知っている。だから、メダルという結果にふさわしいプロセスを踏み、その過程で訪れる変化を目指し、さらにその変化を確認してわくわくしている。さらに、その楽しみを糧に成長を続けることができる。

結果ばかり求める人は、変化に目を向けない。「目標タイムに届かない」ことにとらわれてしまっている。実はちょっとずつタイムは伸びて、フォームは安定してきている、結果を実現するために必要な変化はすでに始まっている。けれど、その変化を見過ごしてしまうことで、内発的動機の芽を摘みフローにはなれない。

結果を出しているスポーツ選手ほど、「今日は、身体のきれがよくなった」、「あのプレイから新しいことを学んだ」などと、一つ一つの変化を詳細に語る。変化に注力しているから Flower なのである。

5）自分に素直な思考

素直に生きることとは、とても心地よいことであり、フローを導く大切なファクターである。なぜなら、自分に対して素直に生きることは、極めてストレスの少ない生き方だからだ。

このことは、逆に考えてみるとわかりやすい。すなわち、自分に素直ではない生き方を選択した場合にどうなるかだ。

好きでもない物や人たちに囲まれ、嫌な仕事を我慢してやり、下げたくもない頭を下げる。うわべだけの言葉づかい、繕った表情、似つかわしくない態度。どう見てもフローではない。自分とは違う型に、無理やりはめようとするのだから、そこには大きな軋轢が生まれる。その軋轢に耐えるために、膨大なエネルギーを消耗する。

なぜそうまでして自分を繕うのだろうか。そうしないと生きていけないと思うからだ。周りから認められる人物像を目指そうとする。こうであらねばならないという型に自らをはめようとする。なぜなら、みんなそうしているから……。まさに「とらわれ」である。

本書をここまで読み進めてきた読者であれば、これはフローから逆行しているとおわかりだろう。

本当に活躍している Flower たちはとらわれていない。自分のやりたいことをやり、好きなことを突き詰めようとする。そのためだったらどんな努力も苦しみもいとわないし、異なる考え方との衝突を恐れない。自分の心の声に素直に生きるという選択をしているのだ。

一方、自分にではなく人に対しても素直に生きる方が間違いなくフローのはずだ。素直でない人は聴く耳と聴く心を持たないから成長がない。すなわち、現状にとらわれ、いまの自分にとらわれていく。どんな言葉、事柄にも素直でいる意志が、同じ時間生き、働いてもさらに豊かな自分をもたらす。素直さは意志だ。そう決めないと、人はエゴや見栄から自分の心をストレスのほうに導き、自らの首をしめていくことになる。

《取り組み事例⑤》フローはカルチャーを育む

スポーツは本来このフロー理論のヒントが満載の文化なのだというのが私の活動のコンセプトになっている。文化とは Culture でフランス語系のラテン語でカルティベイティブから来ている、耕し豊かになることだ。スポーツは人を精神的に豊かにする活動のはずである。ところが、日本ではスポーツと言えば体育至上主義と勝利至上主義だ。体を動かし鍛えたり丈夫にしたりするのがスポーツだと考えられている。また勝つことがすべてだ、と勝つことだけを目的にスポーツがおこなわれている。そもそも、人間は動物なので、体を動かす本能も勝ちたいという遺伝子もあるが、それにまかせているだけでは動物レベルの活動だ。人間固有の活動となるには、豊かさを創造する文化性が必要である。スポーツは人間しか行わない活動だから、そこに人間固有の文化を見出す必要があるのだ。ただ日本では体育の日と文化の日が分かれているぐらいだから、国をあげてスポーツは文化ではないと言い切っている。残念でならない。スポーツを文化ととらえる欧米を参考に、スポーツの定義を私は「スポーツは医療であり芸術でありコミュニケーションであり教育だ！」と考え、そこから生まれた四つのキーワードを大事にしている。それが元気、感動、仲間、成長だ。人間が豊かにすなわちフロー状態で生きるために必要な心のビタミンたちだ。スポーツに触れることで人間はフロー状態になれる。その元になるのがこの元気・感動・仲間・成長なのである。〝する〟スポーツはもちろん、〝観る〟だけでもこの四つを感じ、フローな時間とフローな自分がやってきたのではないだろうか? スポーツに触れることでフロー状態を少しでも感じるようオリジナルな活動も展開している。バスケットボールとチアリーディングの子供たちのスポーツ塾だ。バスケやチアを通して子供たちにフロー状態を少しでも感じさせ、ライフスキルの育成に役立つことを目指した塾を私のコンセプトを理解したコーチとコーディネーターが運営している。スポーツのスキル向上を目指した塾ではなくライフスキルの育成塾。小学生から高校生までの様々な子供たちが参加している。外国の子、ハーフの子、登校拒否の子、バリバリ他でスポーツをやっている子、楽しみたくて来ている子などなど。ルールは精神的なものしかない。すなわち、一生懸命にやる、楽しくやる、ありがとうを言う、人の話を聞く、返事をする、の五つだけだ。大会や試合を目指していない、play basketball hard! と play cheerleading hard! だ。また、それらの子供たちの模範たるべく大人のバスケとチアのクラブチームを創設し子供たちと交流することで、子供たちにもフローの影響を、そして大人の選手たちもフロー状態を学ぶ。素晴らしいという意味の〝エクセレンス〟というバスケチームと活き活き生きるという意味の〝ライブリーズ〟というチアダンスチームだ。スポーツとフローの価値を世の中に伝えるために活動している。お陰さまでバスケのクラブチームはライブリーズの応援もあり、東京でトップ、全国レベルだ。これらの四つの活動を Colleague of Eminecross（ＣＯＥ）と呼び、理念共有型のスポーツクラブを目指している。昨今増えてきた地域総合スポーツクラブではなく、スポーツの価値やフローあるいはライフスキルの重要性を人が豊かになるために大事にするという理念で運営し集まって活動するクラブである。

スポーツの価値はそれだけにとどまらない。フロー状態を自ら導きチームとともにフロー状態を創り、ハイパフォーマンスで勝利を手にしているというプロセスは心エントリーの模範であり、そこにライフスキル＝脳力のヒントが満載だ。スポーツは社会の縮図として、様々な状況から自分自身の心をフロー状態に保たなくてはならない。そんな心の鍛錬の場としてスポーツはうってつけだし、そこに一般の方々が真似のできる脳の使い方として参考になるものが多々ある。それをまとめ、トレーニングにしているのがアメリカで発達した応用スポーツ心理学ということになる。私はそれを日本風にアレンジし〝辻メソッド〟として様々な分野に広げている。スポーツ界はもちろん、ビジネス界、音楽界、教育界、女性の分野などに辻メソッドで Flower な人と組織づくりをサポートしている。

④フォワードの法則にしたがう

物をもらうと、誰でも嬉しい。ちょっとしたものでもおまけが付いているとなんとなく得した気持ちになるだろう。そのとき心はフローになっている。

給料をもらえばうれしい、褒賞されればうれしい、誕生日プレゼントをもらえればうれしいからフローになる。そこで、「フローになりたいから何かくれ」と考えたくなるが、そうそうもらえるものではない。

確かに、何かをもらうとフローになるのだが、そのフローは誰がもたらしているのかというと、自分ではなくあげる側である。自分では、「ものをもらってうれしい」というフローはつくれない。だから、もらうことでしかフローをつくれない人は、もらえないとストレスになる。あるいは、もらえたとしても、想像していたものより粗末なもの、予想していたものと違うものだとフローが阻害されてしまう。

しかし、人間には、もらうことだけではなく、もっと高次元の思考として、プレゼントをあげることでも気分がよくなるという本能がある。すなわち、与えることでフローになれるのである。プレゼントをあげたり人に親切にすると気分がよいということは誰でもあるだろう。

与えることでフローになれるなら自分でつくれる。主体は自分にあるからだ。積極的に、どんどん人に与えればよい。もちろん、実際に現金や物をあげてもよいのだが、ここでいうのはメンタルの中で与えられるものだ。

このよいところは、与えるのは心のエネルギーなので、物理学で言うエネルギー不変の法則と違って、与えた側のエネルギーは減らない。物理上の法則では、エネルギーを与えると、その分、与えた側のエネルギーが奪われ、エネルギーの総和が常に一定になるという法則だが、メンタルのエネルギーにこの法則は当てはまらない。

では、メンタルの中ではどのような現象が起こっているのかというと、心理学でいうミラーイメージの法則という現象が起こっている。

相手に何かを与えると、相手は嬉しいからフローになる。すると与えた側の心も、鏡に映るかのように、フローになる。与えるとフローになるのは、相手からそれに対する見返りを期待しているからではないので、相手がもらっていることに気づかなくてもいい。返ってくるからではない。ただ、与えるだけでフローになれるのである。

すなわち、お返しを期待するペイバックの発想ではなく、ペイフォワード発想であり、与えることで自分の心をフローにするという意味で、「フォワードの法則」と呼ぶ。

そして、このフォワードの法則には、次の三つがある。

リスペクト・マインド（尊重する）

チア・マインド（応援する）

アプリシエイト・マインド（感謝する）

この三大フォワードは人間の崇高な本能である。これを利用しない手はない。しかもこれらはすべて、意志を使えばできる。リスペクトしようとする、アプリシエイトしようとするところから始めればよい。

1）リスペクト・マインド

リスペクトに対する適切な日本語訳はなかなか見当たらないが、思いやるとかその人の人格や存在を尊重するという感じだ。

たとえば、上司やコーチから指導を受けているときに、「そんなのわかっているよ」と思った途端、学びはなくなり、成長はなくなる。

またはチームメイトに対して、「こんなへたくそなやつらと練習できるか」と思った途端、チームワークは崩壊し、切磋琢磨する機会を失う。

試合のときに、「なぜこんな相手となんてやらなければならないんだ」と思った途端、奢りや侮りの心が相手のプレイを見抜く目を曇らせ、自分のプレイを怠惰にさせる。

これとは逆に、すべての人にリスペクトするマインドを持って生きている心は、素晴らしいエネルギーに満ち溢れているから、成功できるのである。リスペクトの価値を強調しフロー状態で大活躍した二〇世紀のスーパースターこそＭＢＡのマイケル・ジョーダンに他ならない。マイケル・ジョーダンが引退する際に世界中のメディアを前に、「もっとも成功する秘訣の一つこそ、リスペクト・マインドだ』と歴史的なコメントを残している。

自分がリスペクトしていることを、相手が気づかなくてもまったくかまわない。ただ自分が相手をリスペクトするだけで、自分の心はどんどんフローになっていくのだ。

2）チア・マインド

チアは、チアリーダーの「チア」のことで、「応援」や「喝采」という意味である。チア・マインドと言ったときに、主役（プレイヤー）を応援する立場となり、自分は脇役にまわることのように感じるが、そうではない。チア・マインドを持つべきは脇役ではなく主役である。そう言ったのは、ゴルフ界のスーパースター、タイガー・ウッズ選手である。

たとえば、最終ホールで、トップを争っているライバルが一メートルのバーディパットに向かっているとき、現時点ではスコアは一打差で自分が勝っている状態。もし相手がこの一打を沈めればプレーオフ、外せば自分の優勝という場面を想像してみる。

たいていは、ここで、「外せ、外せ」と祈るだろう。それが普通だ。しかし、タイガー・ウッズ選手はこういうとき、心の底から「がんばれ」とライバルに声援を送っているのだという。

なぜなら、相手が入れたときにがっかりして損をするのは自分だからだ。「外せ」と祈れば外すわけではない。もちろん、応援したら入ってしまうわけでもない。結果はどう転んでも変わらないのなら、自分の心をフローにすることに自分の思考を選択するべきである。

だから、相手を応援する。それだけで心はフローになる。成功すれば、自分もうれしいからさらにフローになる。そのままプレーオフを戦った場合、結果はどうなるかわからないが、少なくとも、自分の心は極めて良好な状態でプレイに臨むことができ、最高のパフォーマンスでいい勝負ができるのである。タイガーの強さの秘訣の一つは、この思考にあるのだろう。

３）アプリシエイト・マインド

アプリシエイト・マインドとは、「感謝する心」である。

アプリシエイト・マインドを持ち、ありがとうという言葉を使うこと、感謝する心を持つこと、感謝の気持ちを伝えることがフローへの道なのだ。

人はありがとうと言われれば、間違いなくフローになる。しかし、言われるかどうかは相手が決めることだから、それでしかフローになれないと、折角やってやったのにあいつはありがとうと言わない、となって気づけば心はストレスだ。ありがとうと言われるのもフローだが、ありがとうと言っているだけで人はフローになる。それを知っている人は自らありがとうと言う。そして、常に感謝の意志を持って生きている。

シドニーオリンピックのマラソン金メダリスト、高橋尚子選手が沿道のファンにありがとうと言いながらいつもパフォーマンスを高めていたのだと聞く。マラソンでは沿道の観客の期待に応えてストレスになり勝てなかった選手は枚挙にいとまがない。そんな中で高橋尚子選手が世界一になる秘訣こそ、感謝の力だったのだ。走りながら、周りの景色にも感謝しているだけでなく、三〇キロ付近で競り合っているライバルにも「くそ〜こいつだけには負けるか」より「ここまで競り合ってくれてありがとう」と。それは決して負けたいからではない。本当に勝ちたいからこそ、フロー状態をつくり出す脳力を発揮していたのだ。

北京オリンピックでもアスリートたちがインタビューのとき、最初に「応援してくれた方、スタッフの方に感謝したい」と言っていることをよく耳にするだろう。彼らは自分が出せた結果は、多くの人に支えられていることを知っている。さらに感謝することで、自分の心が何よりもフローになることを知っているのだ。

《取り組み事例⑥》感謝する心の剣士

二〇〇〇年の剣道世界選手権で日本の大将として優勝を果たした栄花直輝選手も、アプリシエイト・マインドを実践している人の一人だ。

栄花選手は大学までは無名の選手だったが、社会人になって着々と力をつけ、日本選手権で勝ち進むようになった。しかし、いつもだいたい準々決勝で敗れる。すでに、技術的にはこれ以上極めようがないほど高まっているという自負がある。それなのになぜ勝てないのかわからず、九九年の日本選手権でもやはり準々決勝で平成の超人と言われた宮崎選手に敗退した三三歳のとき、自分に足りないものを見つけるために、雑巾がけからやり直す決心をする。結果、求めていた答えを見つけた。すなわち、揺らぎ、とらわれる自分の心の未熟さだと彼は語る。結果にとらわれ、結果に揺らぐ。そこで「ただ一撃にかける」という「いま」に生きる思考を自分に課す。開眼した彼は、翌二〇〇〇年の日本選手権で優勝。同年の世界選手権に日本チャンピオンとして出場して優勝を果たし、一気に世界一まで駆け上がった。

以来、私は栄花選手のファンで、彼に会いたくて、私が代表を務めるＮＰＯでの対談トークショーに出演してもらったことがある。

そのときに、「栄花選手がもっとも大事にしているモットーは何ですか」と聞いたら、即座に「感謝することです」と答えた。

雑巾がけからやり直した中で、「最高のパフォーマンスが出るときは、自分の存在を含めて、すべてのもの、すべての人に感謝できている自分がつくり出せているときである」ことに気づいたのだそうだ。すなわち、フロー状態だ。

そのような心の状態をつくるために、栄花選手は日ごろから感謝する心を非常に大事にしている。日本選手権の決勝になったときに感謝する心を持とうとしてもだめだ。それはうわべだけで、心からの感謝ではない。大事なときに、心からの感謝の気持ちを持つためには、日ごろから自分の中に感謝の気持ちがいっぱいに溢れるほど蓄積されるまで、すべてのことに感謝する意志が大事なのである。

⑤イメージを大切にする

1）右脳の血流を促進させる

フローをつくるためには、右脳と左脳のバランスが大事だということは先述した。おさらいすると、一般的に左脳は分析的で論理的であり、あまり分析しすぎるととらわれてしまうが、新しい使い方をしっかりマスターできれば、揺らぎを抑制する役割もある。右脳は創造的で感覚的であり、あまり感覚に頼ってばかりいると揺らぎが大きくなってしまうが、左脳の「とらわれ」を解消するという働きもある。

このバランスが大事なのだが、現代社会は従来の左脳の社会なので、教育や会社の中では左脳は十分に鍛えられていることが多い。したがって、「とらわれ」というストレスが蔓延している。

これに対して、右脳は普段あまり使わなくなっている。このために脳の血流が細り、物理的にも脳の活性が損なわれている。

そこで、右脳を特にトレーニングすることが大事で、そのためにイメージを膨らませる練習をする。

簡単なやり方は次の通りだ。

「あつい」というキーワードで思いつく物を実際にイメージしながら二〇個あげる。「柔らかい」というキーワードで思いつく物を実際にイメージしながら、やはり二〇個あげる、というように、あるワードから連想する物を実際にイメージしながらたくさんあげていく。

このときに、キーワードとなる言葉は、五感で感じるものであり、すなわち見る、聞く、嗅ぐ、味わう、触ることで感じるものをイメージとして引き出すものである。この訓練により、五感が鍛えられる。

次に、直接五感で感じるものではなく、感覚を訓練する方法として、「きれい」、「素晴らしい」などのキーワードから連想するものをやはり二〇個ほどイメージしながら思い浮かべる。

さらに、次は、自分の気持ちからイメージする方法として、「うれしい」、「楽しい」といったプラスの感情でイメージできるものと、「苦しい」、「辛い」などマイナスの感情でイメージできるものをそれぞれ思い浮かべる。これを身近な人と、お互いにやりあうとよい。

その他、いくらでもバリエーションはあるが、とにかく頭の中に映像をイメージするようにに心がけることが大事だ。この点を注意しないと、ついつい左脳的に理屈で考えてしまう。物をイメージしないで、言葉を探していたら意味がない。○○と言えば△△、では右脳を働かせることにはつながらないのだ。

2）右脳をトレーニングする

実際にトレーニング研修で行うときのやり方は次の通りだ。

「私がいま、心にイメージした物は何か」と問いかけ、そこから発想をめぐらして、直感的に頭に浮かんだものを言ってもらう。トレーナーは、それは自分がイメージしたものなら「ＹＥＳ」と答え、違えば「ＮＯ」と言うだけで、ヒントは一切出さない。

当然、なかなか当たらない。実は、これが大事なポイントである。重要なのは、私がイメージしたことを、当てようとしないことなのだ。

人間には「賢い」と思われたい本能があるから、ついつい当てようとする。「鋭い」と言われたい、「頭がよい」と思われたい。逆に、「鈍い」、「頭が悪い」と思われたくない。そういう考え方が「とらわれ」を生み、右脳の血流を落としている。

だからあえて、当てようとしたくなるお題を出して、「当ててはいけない」ことをルールにする。あえて当てようとしないで、何でも頭に浮かんだものを躊躇なく口にすることが、とらわれない自由なイメージを発想するための訓練になる。「当ててみて」と言うのは、イメージをつくるきっかけに過ぎない。

これが終わったら次は、「今度は当ててみましょう」と言う。最初のように、あてずっぽうではまず当たらないから、ヒントを探るために、今度は質問していい。出題者はすべての質問にＹＥＳかＮＯで答える。したがって、ここでのルールは、ＹＥＳかＮＯで答えられる質問に限られる。

ここでもやはり、目的は「当てる」ことではない。あくまでもイメージの訓練であり、出題者の頭の中にあるイメージを、自分の脳にイメージ化、すなわち映像化するための質問をする。

でも、「当ててみて」と言った瞬間に、たいていの人は、左脳を使って分析力をフル活用し始める。「この部屋にありますか」とか、「それは食べ物ですか」といったように、カテゴリーを絞り込んでいこうとするのが左脳人間の特徴である。メモまでし始めたら、もう右脳はどっかに行っている。頭ではイメージしないで、計算してロジックを組み立てているのだ。「当てなくていいんだよ」と言っても、なかなか分析をやめない。

右脳が活発な子供は違う。最初に聞くのはほぼ間違いなく色だ。なぜなら、色を決めずしてイメージはできないからだ。だから、「NO」と言えば、「じゃあ黄色？　赤？　青？」と「YES」と言うまで色を聞いてくる。大人は、「同じことを聞いたらバカっぽい」という「とらわれ」の心が働くので、質問を切り替えてしまう。

大切なのは当てることではなく、イメージすることである。色がわからなかったらイメージできない。だから、正解の色がわかるまで聞き続け、色がわかったらイメージの中でその色を連想し、映像化する。次に形、動き、と連想していくことが大事なのだ。このような脳の使い方こそ右脳を刺激しフローへと導くことになる。

⑥チャレンジする習慣を持つ

チャレンジは、右脳の血流を活発化させるとても有効な方法である。だから冒険家は右脳の血流がとてもいい。心の中はいつも無邪気な好奇心であふれ、好きなことになると我を忘れてしまうほど熱中する。子供がそのまま大人になったような人が冒険家には多いものだ。

しかし、人生経験も長くなってくると、同じパターンで生活することが居心地よくなる。昨日までやっていたことを今日も繰り返し、そこから逸脱することを極端に恐れる。

これが組織に危険を招く。昨日と同じことを今日もしていたら、変化に富んだビジネスシーンでは勝てない。

①高い教育を受けている　②一流会社に勤めている　③年をとっている　④男である

これが右脳の血流を低下させ、強固な「とらわれ」に陥る四大リスクである。

したがって、いまの日本のほとんどの会社は、みんなとらわれてしまって、思考が硬直化している危険が非常に高いのである。

誰も新しいことにチャレンジしない、同じパターンの中から出ていこうとしない。パターンを崩すと、心配、不安、怖れといったマイナス感情がわくからだ。

そのマイナスの感情に打ち勝ち、勇気を持ってチャレンジし、自分のパターンを破る、枠を超える思考や行動をしようと心がける生き方がチャレンジ精神である。

通勤ルートを変えてみるとか、服装や髪形を変えてみるといったところから始めればいい。転職したり、仕事の内容を変えたり、転居するといったようなリスクをかけたチャレンジをする必要はなく、前から興味があった勉強会に参加してみるとか、新しいスポーツを始めてみるのでもよいだろう。

無謀な行動に出ることは、決してチャレンジとは言わない。冒険家は危険な挑戦をするが、決して無謀なのではない。ちゃんと情報を集めて綿密な計画を立て、チャレンジをいかに安全に遂行し、成功に導くかを考えるのが優秀な冒険家だ。

自分のいつもの枠組みを逸脱し、自分の居心地のよさに安住しないで、少し違うことをあえてやろうとするその精神と行動をチャレンジという。

当然、結果は問わない。チャレンジしたらうまくいかないことも多々出てくる。重要なのは、結果を出すことではなく、チャレンジし続けることである。そのことがとらわれのないフローな自分を少しずつ形成していくことになる。

⑦目標と夢をうまく持つ

社会力のある人には目標設定の力が共通してある。目標にとらわれるのではなく、目標の存在を自分のフロー状態に利用できるのだ。目標を設定することの価値はそこにある。そのためには目標設定を正しく行う必要があるのだ。まずは、目標はいまするべきことを明確にするために存在するのだ。大切なのは目標を実現するために何をすべきなのかを明確にしてそれにフォーカスする姿勢だ。「いまに生きる思考」でも述べたが、するべきことに集中している状態はフローを導くと言っても過言ではない。富士山に登りたい、五キロ痩せたいと言っているだけでは、永遠に目標は達成しないし、心もフロー状態ではない。揺らいでいるし、ただ富士山やダイエットにとらわれてしまっている。そこで、するべきことをいかにはっきりとさせ、それに全力を注げる自分をつくり出すかということが何よりも大切なのだ。それで心はフロー状態に傾く。すなわち、するべきことの明確化である。目標があるからするべきことがあって、フローなのだ。

と同時に、目標の設定によりモチベーションが上がる、つまりフローになるということが、目標存在の価値でもある。目標設定してもそれがやる気に結びつかないのであれば、それは目標としての意味をなしていないのだ。体育館にインターハイ出場と大きく貼り紙をして、コーチがこのことのためにがんばれといくら言っても、選手たちはそれを言われる度に、きつくて苦しいと感じるのであれば、目標の意味をなしていない。目標を達成することはみんなにとって、もちろん自分にとってどんな意味や価値があるのかを心底から腑に落ちるまで話し合っていくこと、自問自答していくことが目標に関する社会力を育成していくことになるのだ。目標達成によって得られるものを可能な限りイメージして、自分の心のフロー状態維持につなげていくという脳力だ。一つの目標に対してもこのようなアプローチを自分自身の中で自然に行い身に付けているのが社会力のある人。

目標設定にはさらに別の意味もある。大きな目標とは関係ない状況でも人はやらなければならないことがいつもたくさん存在する。そんなやらなければならないたくさんの事柄にいつも自分はなぜやるのかとか、何がしたいのかということを必ず考え自分の考えのもとで実行する姿勢が大切だ。世の中にはやらされていることなど一つもない。どんなやらされていることでも最後は自分でやると決めているからだ。やらされていても、やめなかった決断は自分にあるわけだから。したがって、どんなことも自分の理由や自分が何をしたいのかという目標を自ら生み出さないとフロー状態にはなれない。どんなときも自分自身の目標と理由を持つことが目標に関するさらなる社会力だ。どんな瞬間もこの状況で自分は何がしたいのかと考えること。さらには、夢を持って生きること、あるいは自分のミッション（使命）を探したり感じたりしながら生きることもフロー状態の維持につながる。叶うとか叶わないに関係なく自分の夢を持っていることは、揺らがない心の維持にも大切なばかりか、小さなことにとらわれそうな心もフロー状態へと導く重要な脳力の一つだ。さらには、自分の生きる意味を考えたり、本当に自分しかできないミッションを見つけようとしていることもあきらめない自分を導き、フローな自分を生み出す。あなたの生きるミッションは何でしょうか？　そして、子どものころの夢はいまもお持ちですか？

働くようになると不思議とこれらの目標に対する考えが薄れてしまうのではないだろうか。やる気の出る目標、するべきことを明確にする目標、自分は何をやりたいのか、そして夢や生きる意味を考えることなどがなく、ただストレスに耐えながら仕事をする人たちの集まる企業で、元気やすばらしい結果などくるはずもない。

第5章　フロー・カンパニーへの道

組織をフロー化するコーチ力

フローをもたらす脳力には、自分自身の心をフローに導く「社会力」に加えて、周りの人をフローに導く「コーチ力」がある。

一般的にビジネスシーンでよく使われるコーチングと混同しないでほしい。コーチングは、目標達成のためのコミュニケーションテクニックであるのに対し、私が言う「コーチ力」とは、人間の普遍的な真理、あるいは心理に沿った生き方、人との接し方ができる人間力のことだ。

相手をフローにすることで、その人のパフォーマンスが向上し、結果が出やすくなるわけだが、これはあくまでも結果としてもたらされるものである。コーチ力とは、何かのテクニックではなく、もっと広く生き方の選択といった概念である。特定の人に焦点を当てて、特定の目的を持って接するのではない。

人間には、何をされるとフローになり、何をされるとフローが阻害される、という普遍的なポイントがある。誰も、人のフローを阻害してやろうなどとは思っていないのに、自らの無思慮な言動が、知らず知らずのうちに人のフローを阻害してしまっている可能性がある。

これは、性格や信条とは無関係である。無理に自分の信念を曲げたり、似合わないお世辞などを言ったりするということではない。人と接するときに、何をして、何をしてはいけないかを知ればよいだけである。その人の特性を言動・態度から見抜いたり、タイプに分けて接したり、どうやって効果的な質問を繰り出すか、などということではないのだ。

まず、フローな個人が存在し、その人がフローな状態で周囲と接している。すると、そのフローが周りを元気にし、誰かをフローにしていくという生き方である。

このような力は、組織のリーダーはもとより、その中にいる人すべてにいまもっとも求められている能力ではないだろうか。

ストレス因子が多い世の中で、みんながストレッサーになり、心の中で互いを攻撃し合っているのでは、チームワークもダイバーシティも生まれない。

まずは数人でもいい。フローな人材が生まれること。そしてそのフローな人材が、社会力、コーチ力をもって組織の中でフローを伝播していく。組織がフロー化するための確実な方法である。企業であれば、経営者やリーダーまたはメンバーの数人がフローになること。そこから全体の三割くらいの人間がフローであることを目指す。ここまでくれば、チームワークだ、ダイバーシティだなどと声高に叫ばなくとも、それらが自然に起こるだろう。そして、組織のフロー化は加速する。

①理解する生き方

1）「わかってほしい」という気持ちをわかる

人間には、理解してほしい、わかってほしいという本能がある。何を理解してほしいのかというと、感情と考えだ。

感情や考えを持つのは人の自由な意志だから、その考えや感情をわかってあげないということは、その人が感情や考え方を自由に持つという尊厳を否定していることになる。よって、フローを阻害してしまうということになるのだ。

たとえば、落ち込んでいる人がいたら、その人が落ち込んでいることを理解してあげる。「あなたはいま落ち込んでいるんだね、わかったよ」と、それでいい。

ここでありがちな間違いが、元気づけようと思って、「そんな小さなこと、悩むほどのことじゃないよ」とか、「落ち込んだってしょうがない、元気出せよ」というように、落ち込んでいる感情や考えを変えさせようとしてしまう。これは、よいことをしているようだが、逆効果である。「落ち込む」という感情を持つのはその人の自由であり、その自由を阻害してしまっていることになるのだ。

考え方が違うと居心地が悪いので意見を合わせたいのはわかるが、相手が自分より立場が下の場合などは特に、甘い発想にとらわれていたり、思慮が足りなかったりすると、「おいお前、それはちょっと違うぞ」とやってしまいがちである。確かに、発想は浅はかかもしれない。考え違いをしているかもしれない。しかし、どのような感情を持とうが、どんな考え方をしようがその人の自由である。とにもかくにも、いまはそう感じているのである。

もちろん、間違いを指摘したり、考え違いを正すことがいけないわけではない。しかし、感情や考え方の選択はその人の自由なのだから、まず認める。そうしないとフローが阻害されるから、間違いを指摘しても素直に聞かない。間違いを正したいのなら、なおさら、相手の感情や考えを認めないといけないのだ。

「わかった、お前はそう考えるんだな。でもな、私の考えは違うぞ……」

まずは、「わかった」ということを示してから、自分の意見を示す。そうすれば相手はフローを阻害されず、素直にあなたの説明が聞きやすくなり、あなたの感情や考えを選択するのがよいことなのだと理解しやすくなる。

2）感情や考えに共感する必要はない

相手の気持ちをわかろうとして、やってしまいがちな失敗のパターンに、安易な共感を示してしまうことがある。

落ち込んでいる人に、「私も同じ気持ちになったことがあるよ」というように共感したり、一緒になって落ち込んでしまう。これも、ほとんどの場合、逆効果になる。

共感することは、決して悪いわけではないが、心から共感することは、非常に難しいことである。多くの場合、相手に近づこうとして、まったく共感などしていないのに共感しているふりをしているだけか、もしくは、共感しているつもりになっているだけで、相手の感情や考えをわかっていない。

心から共感していない嘘を言うのは、相手にすぐばれてしまう。「ぼくにもわかるよ」と言われても、「お前に何がわかる」と相手は思っているわけで、そんな上っ面の共感をすればするほどその人のフローは阻害されてしまう。

相手を理解する生き方の実践例を、具体的に見てみよう。

たとえば、部下が企画書を上げてきたとする。内容はひどい出来で、話にならない。そのときに、こんなふうにやってしまわないだろうか。

上司：これはひどいな。ちゃんと考えたのか

部下：はい

上司：嘘だろう？

部下：嘘じゃありません

上司：では、これはいったいなんだ

部下：なんだと言われても一生懸命やった結果がこれです

上司：一生懸命でこれか？　ふざけるな。やり直して明日までに再提出しろ！

これでは、部下はフローになれない。上司の指示だから嫌々でもやるだろうが、少なくとも最高のパフォーマンスは出ない。

こういうときにどうしたらいいか。部下が「一生懸命にやった」と言うなら、それを否

定する根拠はない。一生懸命にやったという感情を持つのは部下の自由だ。上司にその自由を剝奪する権利はない。上司が持っている権限は、持ってきた企画書をよいか悪いか判断することである。当然、最終的には「やり直せ」と言わなければならないが、その前に部下をフローにさせないといけない。

いくら上司が正しくても、部下のフローを阻害してしまえば、上司の言うことを素直に聞かない。修正点をアドバイスしても、もう聞いていない。クサっているからだ。仕方なくやり直すが、パフォーマンスは上がらないので、再提出したものの出来上がりもよくないだろう。

だからといって、なだめすかして、ご機嫌をとろうとする上司がいるが、これも間違いである。ひどい企画を出してきた部下を、きちんと叱ってわからせてやらないとならない。すなわち、「一生懸命やったのはわかった」と理解する。その上で、「でも、その考え方ではよいものはできないぞ」とか「こういう方法を学んでいないとこうなるんだから、あそこを勉強してみろ」と指示するのがフロー理論に則っているというわけだ。

②時間軸のある生き方

1）その瞬間だけで人を見ない

人はその瞬間で物事を見られるとすごく不快になる習性がある。すなわち、ストレスだ。

子供のころを思い浮かべるとわかりやすい。家で遊んでいて、「そろそろ片付けて、宿題でもやろうか」と思っている矢先に、帰宅した母親から「遊んでばかりいないで、早く片付けて宿題しなさい」と叱られると、とても気分が悪い思いをしたはずだ。「いまやろうと思っていたのに」というやつである。そのときフローは明らかに阻害されているから、宿題をやっても効率がよくない。

もちろん、子供はいまに生きる習性があり計画性に乏しいので、だらだらと遊び続けて宿題をする時間がなくなってしまうことを母親は危惧しているわけだが、それでも、一瞬だけで判断しないで、時間軸で見なくてはいけない。

この場合は、「宿題はいつやるんだ」と聞く。瞬間だけを見ても、その前後関係はわからないから、何はさておいても「聞く」ことをしなくてはいけない。すると、子供は「このあと○時からやるよ」などと答える。これで話は丸く収まる。親としては、約束した時間を過ぎてもまだ遊んでいるときに、初めて怒ればいい。この時点で怒っても、子供は自分が悪いことを自覚している。それに、フローは阻害されていないから、「○時からやる」と約束した時間に切り替えやすくなっている。

これは大人になっても同様であり、瞬間でしかその人を見ない人は、人のフローを必ず阻害する。人をフローにするためには、時間軸で物事を見なければならない。

そのためには、まず「聴く」という習慣を付ける。

たとえば、部下に簡単な仕事の指示を出したのに、一週間たっても報告の一つも上がってこない。こういう状況のときに、「おい、一週間もたっているのにまだできないのか」と頭からどやしつける上司は必ず部下のフローを阻害する。

上司にしてみれば、「こんな簡単な仕事なのに、一週間もかかって何もできていないのはどういうことだ」という考えがあるだろう。しかし、部下も遊んでいるわけではない。その簡単な仕事が一週間たってもできないのには、部下なりに理由がある。その理由のいかんは別として、まず、一週間たってもできていない理由を聴かなければならない。

上司：この一週間どうしてた？

部下：部長の指示もやらなくてとは思っていたんですが、急な案件が立て続けに入ってしまって、なかなか手がつかなくて。
上司：それで、いつまでならできる？
部下：はい、明日にはなんとか。
上司：じゃあ、明日な。それから、こういうときには、ちゃんと報告するように。
部下：はい、気をつけます。

これで、丸く収まるはずだ。

部下がきちんとやっていないことを、「いいよ、いいよ」と簡単に許せと言っているわけではない。瞬間だけを見ないで時間軸で見るという視点が大切なのである。それは相手のためだけでなく、フローを阻害すれば部下のパフォーマンスが下がり、業務の効率を妨げるからである。

2）結果より変化を見る

自分をフローにするときにも、「結果より変化を見る」思考が必要なのと同様に、人をフローに導くときにも重要である。

結果でしか人のことを見られない人は、人のフローを阻害してしまう。なぜなら、結果は瞬間だからだ。瞬間に視点を置いてしまえば、「できているか」、「できていないか」という絶対評価しかなくなってしまう。また結果しか見られない人はそれを評価するために必ずといっていいほど他人と比較する。比較し始めたら危ないと思え。

結果というのは変化の集積であるから、変化を生まなければ結果にはつながらない。

そこで、時間軸に視点を置くと、見方が変わってくる。結果は瞬間にしか訪れないが、ある時点からある時点までどこを区切っても、必ず変化を発見することができる。この変化を見極める視点が重要なのである。

人の変化を見るときに大事なポイントが「成長」と「可能性」だ。過去から現在までの変化を「成長」と呼び、いまから未来への変化を「可能性」と呼ぶ。人を見るときには、必ず「成長」と「可能性」で判断する練習をする。

管理職のトレーニングをするときによく実践するのが、部下を一人あげてもらって、「その人の最近一週間での成長を述べてくださいという方法である。これは、瞬間の絶対値だけを見る癖がついているからだ。

上司から見てしまえば、部下はいつまでたっても「まだまだ」なのは当たり前である。それたいていの人が、「部下はまだまだなんですよ」と言う。結果だけを見るなら、その力を認めるのは、成長し切ったときだけになってしまう。それまでの過程を見ないと部下はフローになれないので、なかなか成長できない。

上司がするべきことは、できていないことをなじることではなく、成長を促すことである。そのためにはフローをつくり出してやらなければならない。

時間軸の中で見て、いまできていないことを批判するのではなく、できるようになったことに目を向ける。いまできていないことを嘆くのではなく、将来できるようになるためのフォローをする。それによって部下の成長が促されていくのである。

③愛する生き方

1）相手の成功を自分の喜びとする

人は愛されるとフローになる。もちろん、この場合の愛は、男女の恋愛や親子の愛だけではない。

ただ、「すべての人を心から愛しなさい」と言っても、ぼんやりしていてわかりにくいかもしれない。そこで、愛する生き方を自分のものとする方法の一つとして実践してもらいたいことが、相手の成功を自分の喜びとすることである。人が成功することを自分の喜びとする「考え」を持つこと、すなわち、意志の愛である。

どんなに嫌いな人でも、実力を認めることはできるだろう。相手の成功を願う「考え方」を持つことはできるはずだ。タイガー・ウッズ選手の例で説明したように、相手が成功することを祈るほうが、自分の心がフローでいられるというのはまぎれもない事実だ。フローである個人が、周囲をフローへ導く。

ただし、ここで注意したいのは、愛する生き方を自己犠牲の奉仕精神と混同しないことだ。

自己犠牲を前提に相手の成功を願ってしまうと、愛する生き方にはならない。我慢からストレスを生み、自らのフローが阻害されてしまうからだ。

言い方を変えれば、愛する生き方とは、相手を主役にする考え方と言ってもいいだろう。いつも自分を中心に物事を考えてしまうと、自分にとって都合のよくないことがあれば不機嫌になってしまう。当然、世の中は自分を中心にまわっているわけではないので、自分に都合のよいことはそうそう起こらない。すると常に不機嫌になってしまう。

自分が主役になる瞬間もあるが、それは他人も一緒である。自分がプレイしている瞬間は自分が主役、相手がプレイする番なら主役をバトンタッチする。そして自分は主役を応援する立場で相手を見るのだ。相手を主役にする生き方を選択している人こそこのコーチ力が高く、周りをフローへと導いている。しかし、そのことがフォワードの法則ともあいまって結局は自分のためにもなっているのである。

2）応援する生き方

愛する生き方で大事なポイントは、期待より応援である。

期待を愛だと勘違いしている人が多い。実は、スポーツ心理学では、「期待している」という言葉はもっとも使ってはいけない言葉の一つである。

期待というのは、結果を出すことを願うことであり、相手に結果を意識させてしまうことになる。しかも、期待しているのは自分であって、すなわち自分が主役である。さらに期待とは勝手な枠組みと同義語だ。つまり、自分で勝手に期待値を設定し、その通りにならないと怒るのだから、身勝手なことこの上ない。期待するのは相手のためだと思いながら、実は、勝手に自分の思った通りにならないと腹を立てるのだから、相手のためではないことは明らかである。

期待志向が強いと、自分でコントロールできない相手の結果に左右されるし、勝手につくった枠組み通りにはいかないので、自分のフローも阻害されるし、相手のフローも阻害する。

大事なのは、期待するのではなく応援することである。

「お前のことを期待しているぞ」と言い続けるのと、「お前のことを応援するぞ」と言い続けるのでは、明らかに後者がフローだ。応援というのは、相手が主役の考え方である。自分の思う結果を相手が出すことを願うのではなく、相手の成功を祈る考え方である。

身近な話で言うと、駅前で待っているタクシーの運転手。長く客待ちしていると、いいお客さんが来てくれると勝手に期待している。だから、乗り込んできたお客さんが「近くですけどお願いします」と言った途端に不機嫌になる。「この時間帯にここで待っていれば長距離の客がつかまる」という勝手な期待をしておきながら、お客さんを悪しざまに扱う。乗っているお客さんもいやな気分だ。運転手自身もフローではないし、お客さんのフローまで阻害してしまっている。

応援モードの運転手なら、近距離のお客さんでも、「どれだけ快適に、素早く指定の場所まで送るか」と相手の喜びを主役にして考える。すると、自分もフローになるし、お客さんもフローになる。結果、「おつりはいいですよ」ということになるわけだ。

あなたも、課員やメンバーなど周りの人たちに対して、自分でつくった枠組みを押し付けて、勝手に成果を期待し、その上に、「期待しているぞ」というプレッシャー攻撃をかけ続け、結果が出ずに不機嫌になってはいないだろうか。

《取り組み事例⑦》トーマツ、豊田自動織機の技能オリンピックのコーチカ

コーチ力のトレーニング依頼は企業からとても多い。組織の生産性を向上させるためには社員の多くがフロー状態でないと困るからだ。全従業員の社会力を育成していく時間などないとなった場合に、実はマネージャー職にあたる者たちが、課員をフローにするどころかむしろ阻害因子になっているのではないかと企業が考えることがある。

監査法人トーマツではニューパートナーすなわち経営管理職に昇進する際に、私のコーチ力の研修を二日間にわたって受けていただいている。二日でも足りないが、人は心で動いているのだということを改めて理解していただくきっかけになっているのではないかと信じている。公認会計士の先生方の集まりで、自分の仕事に関してはスーパーハイパフォーマーだが、組織をリードし部下や仲間をまとめたりハイパフォーマンスに導くのはお得意ではないのかもしれない……。ただいつも研修の際に感心させられるのだが、見せる生き方のコーチ力についてみなで話し合い学んでいる中で、自分のモットーの発表になると実に素晴らしいコメントを次々に出されるのである。そしてなんといっても多いモットーが「誠実」だ。誠実をモットーに背中に貼って行動に見せ仕事をする人材の集まりだとわかってこちらもフローになる。昨今、食品偽装問題や政治家の在り方を観ていると、「誠実」

をモットーにし言行一致させている組織はどれほどあるのだろうかと感じる。さらには人材育成本部長のご理解も得て数十名のパートナーたち（経営管理職）のライフスキル・トレーニングを月一回継続的に行っていく予定になっている。すなわち、フロー・カンパニーの担い手としての人材育成に企業をあげて取り組んでいくことになる。心を大事にする企業の一つとして輝くフロー・カンパニーを目指してほしい。

最近、豊田自動織機の技能オリンピックの選手やコーチにフローのための〝辻メソッド〟トレーニングを毎月行っている。技能オリンピックというのがあるのをみなさんご存じだろうか？　仕事における技能を競い合って世界一を決定するという素晴らしいものである。日本一になり、その種目で日本代表として世界と戦う。結果を出したいのですぐに結果エントリーとなり、ストレスになりパフォーマンスも落ちる。スポーツやビジネスとまったく一緒だ。選手たちの社会力トレーニングと並行して、コーチたちのコーチ力トレーニングを行っている。よいコーチであればあるほど、「揺らがず・とらわれず」の精神で日々過ごさねばならない。社会力もコーチ力も必要なのである。

選手をフロー状態に導くのはテクニックではない。心の原則を知って自分自身が生きることだ。そして、周りの人や選手と接していくことだ。まだトレーニングの導入期なので、基本を学んでいるところだが、コーチ力は経験でもある。たとえば、理解する生き方を学ぶためにいかに人は理解してあげることが大事なのだということを熟知する必要がある。そこで、自分が人に理解されずにフローが阻害された過去の事例、自分が人に理解してもらったおかげでフロー状態になれた例、そして自分が人を理解できずにフローを阻害してしまったのではないかというような事例、また自分が人を理解してあげてフロー状態に導いたのではないかという例などを発表し合う。それにより人の話を聴き、何倍もの経験を得ることができるのだ。つまり、人は何を理解してほしいのかやどうしたらいいのかなどに気づくチャンスが増えることになる。今後このようなトレーニングを重ねてさらにコーチ力を身に付けていただく予定である。

④見せる生き方

１）人は目で見えることにもっとも影響を受ける

人は、周りの状況を認知することで自分の心の状態を決めている。そこで、周りの状況を心でダイレクトに受け取らないで、いったん脳で受け取って解釈するということをずっと言ってきたわけだが、状況を脳でキャッチする前段階として、五感で感知する段階がある。

五感の中でも、ほとんどの情報が目と耳から入ってくるので、実際に気をつけなければならないのは視覚と聴覚である。中でも目から入る情報が約七割強を占めており、目から入る情報に極めて大きな影響を受ける。

たとえば、目の前で悲惨な事件が起きたとすると、私たちはフローが阻害されるのが嫌なので、思わず目を背ける。耳や鼻にはふたがないのに、瞼があるのはなぜかというと、情報収集の中心であるからこそ、自分にとってあまりに害がある状況に接すると、それ以上見なくてすむように、つむれるようになっているわけだ。

スポーツでもよいコーチほど、「ああしろ」、「こうしろ」と選手に口頭で指示するだけではなく、ジェスチャーを使ってみたり、ボードを使ってみたり、ビデオや模型など、とにかく目に見えるものを使って説明しようとするのはこのためでもある。

それだけ、目で見ていることを人間は重要視している。つまり、人と接しているときに、その人の何に影響を受けるかというと、第一に見ているものだ。会話をしているときにも、話を聞いているようで、実は、それ以上に見ている。このことを知っていることが何よりも大事だ。

このため、相手の心をフローに傾けるには、どのように「見せる」かが重要なポイントになる。

もっともいけないのが言行不一致である。

たとえば、外食店の朝のミーティングのとき、眉間にしわを寄せて鬼のような形相で「お客様には笑顔で接しなさい」と檄を飛ばしているマネージャーがいたとする。これでスタッフは「お客様を笑顔で迎えよう」という気持ちになるだろうか。マネージャーの指示だから従おうとはするけれど、果たしてそれで、心からの笑顔で迎えられるだろうか。きっと引きつった笑顔にしかならないだろう。

「やれ」と言う側の人が身をもって手本を示さなければならない。そういう生き方が相手を成長させるだけではなく、同時に自分をも成長させる。「自分は若いころさんざんやったから」ではだめなのだ。あなたの若いころのはつらつとした姿を部下は見ていないからわからないのである。

2）モットーを背中に貼って仕事をする

上司やリーダーという立場になって動きが緩慢になっている人はいないだろうか。しかし、その姿をメンバーは見ている。これでは組織をフロー化することはできない。

確かに、身体は若いころのように動かなくても、メンバーと一緒になって泣き、笑い、苦しみ、ときにははしゃぎ、一緒に成長していく。役割が違うのだから、メンバーとやることは同じではないにしても、積極性や努力、情熱といったことについて、その範を示していくことはできるだろう。それによって、上司やリーダー自身も成長し、組織をフローへ導くコーチ力も増していく。

ここで重要なのは見せることなのだから、行動の基盤になるモットーを明確に示すことである。

私の企業研修の一つに、紙にモットーを書き、その紙を背中に貼って仕事をするというトレーニングがある。書いた以上は何が何でも実践してもらう。逆に言えば、実践できないことは書いてはいけない。

紙に「誠実」と書いたら、誠実な行動をまず心がけよう。ただし、完璧を求めているわけではなく、自分の信念として貫いていこうとしていることを、目に見える行動に表すことで、相手に伝えることなのである。

アメリカの子供たちを対象にしたスポーツクラブでは、毎年チームをいったん解散して新しいシーズンが始まるときに再編成するのが通例である。アメリカでは、シーズン制が徹底しているので、毎年ゼロから新しいチームをつくっていく方式である。

そしてこのとき、子供たちの親がもっとも重視しているのが、コーチのモットーである。大会の成績目標などではなく、基本的な哲学といったことだ。なぜかというと、そのコーチがどういう行動をするかが、子供のフローの度合いに大きな影響を与えることを親はわかっているからだ。

企業でも同様である。社員は、経営陣や上司のうんちくよりも、何をしているかを見ている。立派な行動指針や企業理念があったとしても、それらがお題目になっていないだろうか。社訓で、「社会への貢献」などとうたっておきながら、その社訓をつくった経営者が社会貢献と反する行動ばかり行っていたら、社員が実践する気になるはずがないのである。

⑤楽しませる生き方

１）楽しむことはよいことだ

楽しいということは、とてもフロー度の高い心の状態である。夢中になって取り組み、時間を忘れるほど没頭する。想像力も増し、クオリティの高い仕事ができる。ハイパフォーマーになるから当然結果もついてくる。そして何より疲れない。

しかし、楽しいことがよいことだとわかっている人は、意外に少ない。仕事という面では特にそうだろう。部下が楽しそうに仕事をしていると機嫌が悪い上司がいる。楽しむのは不謹慎だと思っている。楽しそうな姿を見ると、「ちゃらちゃらしている」と感じて気に入らないのだろう。

こういう上司は、苦しんでいる部下を見るのが好きだ。本当はただ手際が悪いだけなのに、徹夜作業の連続で疲れ果て、ろくにデートもできず、そういう部下を見て、「かわいい」と思う。これは、他人のフローを著しく阻害する。

トレーニングのときに「人にフローが阻害された瞬間のことを話してください」と言うと、一人の女性が手をあげた。

彼女が会社の命令で二日間のセミナーに参加したときのことだ。とてもよいセミナーで、たくさんのことを学んで帰ってきた。会社に戻ると、上司が「どうだった」と聞くので、「すごく楽しかったです」と答えたら、「お前は何しに行っていたんだ」と叱られた、というのである。

とても充実した時間を過ごし、貴重な体験を通して多くのことを学んだことが、楽しかったので「いけないことだ」とこの上司は言った。これでは部下がフローになるはずもなく、成長もしないだろう。

2）いろいろな「楽しい」があることを知る

楽しいといっても、いろいろな楽しいがある。そのいろいろな楽しいを知っている人こそ、周りの人をフローにする。逆に、楽しいが限定されてしまう人は、人のフローを阻害する。自分の楽しいだけを押しつけてしまうからだ。

ところが、特にビジネスマンほど、いろいろな「楽しい」があることを知らない。企業トレーニングの中でも、「会社の中で楽しいと思うことを二〇個列挙する」というワークを必ずやるのだが、これがなかなか出ない。

無理に絞って考えてもらうと、「企画が通ったとき」、「プロジェクトが終わったとき」、「出張に行っているとき」などという意見が上がる。ある程度上がったら「結果にリンクしているものは除外してください」というと、九〇％以上が除外対象になる。現代のビジネスマンがどれだけ結果に縛られているか、よくわかる。

日々の苦しみの果てに、結果という果実を得るのだと勘違いしてしまっている。でもこれが間違いだということはすでにおわかりのはずだ。そこにはフローはなく、ストレスのみしか存在しないのだから。

ワークでは、さらに自分さえいればつくれる楽しいことに丸をしてもらう。すると、さらに絞られる。たいてい、「上司から褒められたとき」、「お客様からありがとうと言われたとき」といったように、相手がいないと生まれない事柄が多い。その「楽しい」は人に依存するので、相手が「ありがとう」と言ってくれない限り楽しくない。他人はコントロールできないわけだから、これもストレスのネガティブ・スパイラルに落ち込んでいく。

自分さえいればできる「楽しい」には、「アイデアを考えているのが楽しい」、「会社に一番に着いて電気をつけるのが楽しい」など人によっていろいろある。もちろん、お客様から「ありがとう」と言われることを喜びとしたらいけないわけではない。それは大いに励みになるだろうし、ぜひ目指してほしい。

しかし、お客様から「ありがとう」と言われないとフローにならない人は、その状況がなければパフォーマンスが落ちてなおさら「ありがとう」と言われにくくなってしまう。

そこで、「ありがとう」と言われなくても、楽しくなれる方法をいくつも持っておく。それはたくさん持っているほどよいし、まわりに影響されないで自分だけがいればできる楽しみの源泉があればなおさらよい。

3）一生懸命の楽しさを伝える

いろんな「楽しい」の中でも、特に私が大事に思っているのは、一生懸命の楽しさである。

結果も「楽しい」ものではあるけれど、結果のために一生懸命にやる過程そのものを楽しむ遺伝子を人は持っている。先述したようにこれは人間にしかない素晴らしい特性だ。そして、自分さえいればいつでもできる。

ただ、使っていないとこの遺伝子はオフになって眠ってしまう。だから一生懸命が楽しいと感じたことがない人は、「何か楽しいことないかな〜」と、楽しいを待つ人になってしまう。

何かに打ち込んだことがないから、楽しみも生まれない。寝て待っているだけでは楽しみはやってこないので、ずっと楽しい状態にはなれない。

日本の社会全体として、結果エントリーになっているので、結果を出す指導者が優れていると思われているが、これは大きな間違いである。

不確実性の時代にあって、結果は左右されることも多いので、結果エントリーでしか楽しいを導けない人は、優秀なリーダーとはいえない。過程を楽しむ、特に、一生懸命の楽しさを伝えられる人こそが、フローへ導くコーチ力の高い人である。

ブラジルの子供たちへのサッカーのコーチ法、ニュージーランドのラグビーの子供たちの育成法、アメリカのバスケット、野球のトレーニング法、これらはどれも世界最高峰である。この指導法の共通点は、そのスポーツを一生懸命にやることがいかに楽しいことなのか、子供のころに何度も経験させることである。子供のころの経験が人間をつくっていくから、子供のころに「一生懸命って楽しい」という経験があればあるほどそれで生きていこうとする。人間は楽しいほうがいいからだ。

アメリカで、子供に野球を指導するコーチは、思い切り投げて、思い切り打って、思い切り走ることをとことん教える。

ところが日本は結果の楽しさだけを与えようとして、試合に勝つ方法論ばかり熱心に教える。

だから日本の少年野球チームがアメリカに行くとあっさり勝ってしまう。アメリカのピッチャーは思い切り投げることをまず大事にしているから、配球も何もあったものではないし、暴投も多い。日本のベンチはそれを知っているから、配球のパターンを読んで、狙い撃ちをさせる。コントロールの悪い投手なら、「見送れ」と指示を出す。それで押し出しで点が入る。結果、日本の子供たちはプレイすることなく日本チームに勝ちが転がり込むのである。

それでいったい何が楽しいいか、私も疑問だったが、地元のアメリカ社会も疑問だったようだ。

地元紙に「思い切り打たず、思い切り投げずして、日本の子供たちはベースボールの何が楽しいのか？」と皮肉交じりに書かれていた。

子供の頃なら、それでも勝つだろうが、結果、大人になったときにどうなるか。メジャーリーグと日本のプロ野球の選手のレベルはもちろんだが、観客が見ていてどちらが楽しいかは一目瞭然だ。プレイ・ハードこそフローへの基本である。

企業でも同様である。コーチ力のない上司ほど「結果だ、結果だ」とうるさく言う。結果をよくしようと部下はがんばるが、パフォーマンスが上がらないから結果は出にくい。

上司は、一生懸命にやることの楽しさを部下に示し、教えればよい。褒めるとすればそこだ。一生懸命にやることが楽しくなれば、うるさく何も言わなくても、ひたすら一生懸命を楽しむメンバーたちで会社はいっぱいになる。このような会社が、これからのエクセレント・カンパニーになり得るのだろう。

⑥アクノレッジする生き方

1）アクノレッジされにくい社会構造

コーチングではアクノレッジ（Acknowledge）を「認める・承認」としているが、上から目線のような感じがするので、あえて英語のまま使っている。

人間には、人と「つながり」を持ちたいという本能と、社会の中で「存在価値」を持ちたいという本能がある。つまり、人とのつながりを感じさせ、社会の中で存在価値を感じさせる生き方がアクノレッジな生き方である。

いまの社会構造は、まず、つながりが遮断されやすい。その大きな原因の一つが、通信の発達だ。

メールで、「バカ」と書いて送れば、極めて関係が悪くなるが、面と向かって肩を組みながらの「バカ」は、むしろ親しみがわいて関係がよくなることもある。五感が働くことによってお互いに相手の世界と触れ合い、情が深くなってつながりを感じるわけだ。ところが、電子通信文化は、情が入りにくいメディアである。便利ではあるが、このために直接生で話す機会が減り、顔を合わす機会はもっと減ってしまった。

このような社会構造だからこそ、より意識的にアクノレッジ力を持って組織運営を考えなければ、フローになりにくい。

存在価値においても、社会構造上の問題で勝手に優劣のレッテルを貼られてしまうことが多く、不安定になりやすい。

私たちの社会は、グループで物事を分けようとする傾向がある。男と女、子供と大人、日本人と外国人、勝ち組と負け組というように。そこに、便宜上の理由で優先順位を付ける。それは社会構造上、物事を円滑に進めるために必要で、一概に悪いわけではない。ただし、これはあくまで便宜上の話である。勝ち負けは優劣ではなく、ただの事実だ。人間には存在価値を主張したい本能があるので、相手より優位に立ちたい感情が先に出て、優位の証としての結果をほしがる。優劣思考が蔓延した社会になってしまった。

どこの会社でも、シェア一位、売上トップ、最高品質といったことにこだわる。必死に争って自分の存在価値を主張しないと抹殺されてしまいかねない社会である。そうして、優のグループにいるうちはよいが、劣のグループに入ってしまうリスクを常にはらんでいる。ライバル会社が合併してシェアが逆転してしまうことなど、珍しくはない。自分たちの思考が自分たちの首をしめてしまっているのだ。Flower やフロー組織とはほど遠くなっている。

このように、いまの社会では、人とのつながりが遮断されやすく、存在価値が低下しやすいリスクを常に負っている。だからこそ、より一層アクノレッジ力を持ち、周りの人の「アクノレッジされたい」という本能を満足させる生き方、すなわちコーチ力を持った人が増えなければ組織はフローでなくなってしまうのである。

2）アクノレッジを伝え合う

アクノレッジする生き方とは、第一に、「人のことを思う」ことだ。ここでは、頭でその人のことを思い出し、その人のことを考えるだけでよい。これが、つながりを生み、存在価値を見出す芽になる。

少なくとも、リーダーなら、自分の部下全員が、今日何をやっているかぐらいのことは思いを馳せるべきではないか。「あいつは、元気なかったけどどうしているか」など。毎日部下全員のことを思い出す。ただし、ここで評価をしてはいけない。ただ思い出すだけでよい。

次に、思うことで芽生えたつながりを成長させるために、栄養をあげる。その栄養の一番は「挨拶」。挨拶とは、つながりをつくり、存在価値を認めることそのものである。

挨拶は、目下からするものだと勘違いしている人がいるが、そうではない。本来は、コーチ力のある人が積極的に挨拶をしたほうが、アクノレッジすることになり、組織はフロー化するのだ。

観察して、伝える力もアクノレッジ力である。

たとえば、「髪、切ったの」、「今日は早いね」、「メガネ替えたの」ということでよい。気づいたことを単純に伝える。別に無理して褒める必要はない。むしろ、そこに価値を付けたり、評価してはいけない。

褒めるところを探して、毎日一つ褒めなさいなどと言う人もいるが、毎日顔を合わせる人の褒めるところをいちいち探していたら大変だ。それに、無理にやるとたいてい空々しく聞こえる。「今日の服はいいね」なんて下手に言っても、相手は別にその服を気に入っていないかもしれない。褒められても決してうれしくないだろう。

気づいたことを伝えるだけでよいのだ。

このときに、一つだけ、気を使うことがあるとしたら、伝え合った者同士がそれでどんな気持ちがしたのかを言える関係づくりだ。たとえば、秘書がお茶を持ってきて、ちょっと雑に置いたため、しずくが飛び跳ねたような場合、「置き方が雑だね」で終わらせるわけにはやはりいかない。かといって「何やってんだ！」と頭ごなしに叱ると相手のフローが阻害される。それでは自分が否定されるように感じるからだ。

こういうときによい方法は、感情を伝えることだ。感情を持つのはお互いに自由だから否定できないし、嫌な思いも起こらない。たとえば私なら、その瞬間に、「そういう置き方をされると、ぼくは悲しいよ」と言う。私が悲しいという感情を持つのは自由。相手を否定しているわけでもないので、素直に忠告を聞くのである。気づいたことを伝え合ってもここが肝心だ。

逆に、上司が何気なくいつもと違う服装に気づいて話しただけなのに、ヒステリックに「服装についてとやかく言うのはセクハラですよ」などと言うと、気を利かせて褒めたつもりの上司はたまったものではない。この場合、「服装を評価されるのは、あまり好きではありません」と自分の感情を伝えれば、上司も納得するだろう。

このように、気づいたことを伝え合い、そして自分の感情についても話し・聴く関係が組織をフローにするためには重要なことである。

フローな組織の在り方

①ミッションを基盤にした組織

組織にフローを起こすという場合、基本的にはそこに集まっている人、一人一人がフローになるようにすることを意味する。その組織に属する人をフローにしやすい環境を用意するということである。ただし、それはインフラやシステムといった環境ではない。

キーワードは、「ミッション」である。会社の使命は何で、それがどう個人個人のミッションとリンクしているのかを共有していくことだ。つまり、ミッションを組織として持ち、そのもとに個人が集まっているということがフロー・カンパニーとしては理想だ。

これまで説明してきたように、結果を重視するのではなく、その過程を重視し、変化を重んじ、プロセスを楽しみ、一生懸命の大切さを伝える。それを結果、数字だけでなく、フロー度合いも評価対象としなければならない。

実際に、フロー理論を知りミッションやビジョンをつくっている組織はフローになりやすく、もちろん、結果を出している。

高級ホテルチェーンとして知られるリッツ・カールトンなどはまさにそういう組織を目指して実践していると感じる。

彼らが実践しているクレド（「信条」を意味するラテン語）であるとか、あるいは、スタッフすべてに一定額までの決済権を与えるルールなどを模倣しているところは多いが、重要なのはそうした一つ一つの取り組みではなく、いかにスタッフ一人一人の心にフローを起こすかという点にあると思う。

たとえば、リッツ・カールトンには、「マニュアルはない」というのも彼らの意志を物語るエピソードの一つだ。マニュアルがないのに、どの国、どの地域のチェーンに行っても良質なサービスが受けられるのはなぜか、マニュアルもなくて新人にどうやって業務を教えるのか、作業が非効率になって顧客サービスを損なうのではないか、という懸念がある。

事実としては、掃除の作業手順、災害時の避難誘導、あるいは、報告・連絡などのルールは当然存在するし、手順を記したものは存在する。しかしこれは彼らにとって作業手順を記入した作業説明に過ぎないという。

一般的なホテルや外食では、マニュアルがサービスのすべてになってしまっている。このためにサービスがそれより高まらないし、すごく表面的なものになる。

そうではなく、リッツ・カールトンにおける作業説明はあくまで作業説明であって、スタートに過ぎない。昨日入った新人でもできていなければおかしいことだから作業手順を説明する必要があるが、それができればＯＫなのではなく、サービスとはそこから始まるという考え方が根底にある。

ここで重要なのは、会社は「あとは自分で自分を高めろ」と突き放しているわけではなく、社員全員のパフォーマンスを最大限に引き出すために、社員がフローになるための仕掛けを随所にほどこしている。

会社としてやることは社員にマニュアルを覚え込ませることではなく、社員をいかにフローにするかである、という自覚があるのだ。なぜなら、お客様にサービスをするのはスタッフであり、押し付けたルールではスタッフのフローを阻害してしまうからだ。

だから、リッツ・カールトンでは、組織が社会に対して何をもたらそうとしているのかという「ミッション」を徹底的に浸透させる。ミッションは、目標ではないし、数字ではもちろんない。使命、存在意義だ。社員はそのミッションを理解し、そのミッションが個人とどうリンクしているのかということを話し合っている。すると、押し付けられたものではなく、自らの理想として追い求めるようになり、そこにはフローがある。

このように、組織が個人のフローを促す仕組みになっていれば、個人の社会力も育成され、フローな人たちが組織に増え、それがほかの社員に伝播し、お客さんや取引業者にまで影響を与え、その結果、組織の繁栄を可能にするだろう。

②リーダーシップに基づく組織

1）人ではなくタスク（仕事・役割）で見る

リーダーシップはマネジメント層だけではなく、若手にも持ってほしいコミュニケーションの能力である。

フロー組織におけるリーダーシップとは何か。それは、ブランチャード・トレーニング・アンド・ディベロップメント社が提唱している「人ではなくタスクで見る」という原則を守る生き方を多くのリーダーができるということだ。

組織には、人それぞれに果たすべき仕事＝タスクがある。そして、タスクは一つではなく、複数の集積によって成り立っている。そして、そのタスクそれぞれは、スキルとマインドによってつくられている。

リーダーとしてチームに課せられた目標を達成するためには、メンバー一人一人に与えられたタスクは何かを認識し、その複数のタスクについて、それぞれスキルのレベルとマインドのレベルを見据え、それぞれを高めるために指示と支援をバランスよくしていくことだ。

リーダーとして何をすべきかわかっていない人は、タスクで見ようとせずに、人で見てしまう。たとえば、野球のキャッチャーのタスクを見ると、キャッチング、配球の組み立て、送球、バッティングなどのタスクがある。キャッチングと配球はいいのに、送球がまだまだのレベルだというので、十把一絡《じっぱひとから》げに「まだ未熟だな」という評価をされてしまうととても気分を害するのだ。このようなことでフローが阻害されている組織は少なくない。

そうではなく、一人一人に与えられた仕事をよく理解して、それぞれを個別に見ていくようにすると、チームはとてもフローになり強くなる。実際、タスクで見る習慣を付けるためのリーダー研修をやると、すごく組織がうまくいくことが多い。

一つ一つのタスクの達成度は、それを行うのに必要なスキルとそれにともなうマインド、つまりフロー度合いによって決定するので、タスクに対するフロー度合いを細かく見ていくという考え方である。

2）スキルへの指示とマインドへの支援

具体的に、スキルとマインドをリーダーはどのように見て、どのように干渉していったらよいのか。

図のように、スキルとマインドは両方あってタスクすなわち仕事や役割となる。どちらか一方だけを上げることはできない。スキルを高めるためにはやる気が必要だし、スキルが低いままだとやる気が出ない。したがって、リーダーは、スキルとマインドの両方が高まっていくようにリードをすることになる。

このときに、スキルに対しては指示、マインドに対しては支援する。よいリーダーはこの、指示と支援のバランスがとてもよい。

スキル、マインドともに高まっているタスクは全面的に任せ、高めなければならないスキル、マインドだけにピンポイントでアドバイスする。それは、本人としても困っていて、

レベル別　指示と支援

タスク	スキル	指示のレベル	マインド	支援のレベル	アプローチ
Level 0	低	高	低	高	コーチ型
Level 1	低	高	高	低	指示型
Level 2	低〜中	高	低〜中	高	コーチ型
Level 3	高	低	低	高	支援型
Level 4	高	低	高	低	委任型

アドバイスが欲しいところだから、一言でもてきめんに効くわけだ。

そして、スキルへの指示とマインドへの支援は、レベルの変化とともにバランスを調整していく。スキルもマインドも低い最初のころは、指示、支援ともに手厚い。新人のタスクは大抵は技術も未熟だけど、同時に心の状態も不安だったりして悪い。技術だけたたき込んでも使い物にならない。これをコーチ型アプローチという。

マインドの力がついてくれば、すなわちやる気に火がついたら、どんどん技術を教え込む。マインドはとりあえずさわる必要はない。これを指示型アプローチという。

少し力がついたタスクは、だんだん慣れや

飽きが出てくるので、少しモチベーションが下がる。ここでまたいったんコーチ型アプローチに戻る。

さらに進むと、ある程度教えることは教え、技術的にはだいぶついてきて、あとは自己鍛錬の世界に入っていくという段階に達する。この段階では技術的にはもう教えることはないけれど、リーダーの元から巣立って自分の道を探す段階であり、迷いや不安がつきまとう。ここでリーダーはマインドの支援を行う。これを支援型アプローチという。

最後に、自分の道を見つけ出し、究めたレベルにタスクが達したら、リーダーは少し手を貸すだけでよい。これを委任型アプローチという。

タスクを整理することによって目標に必要なものと、その人の重要性が認識できる。タスクの優先順位を付け、すべてスキルとマインドでできていることを理解することによって、その人を成長させることができるのである。

人ではなくタスクで会話できるリーダーが増えれば、間違いなくフロー・カンパニーに近づくだろう。お互いがフローで働けばパフォーマンスは向上し、結果もさらに出るようになる。あなたの会社のリーダーシップの力はいかがだろうか。

③箱から出たコミュニケーションのある組織

人間はそもそも、人に対して愛情を注ぐことを肯定する遺伝子を持っている。人に対して思いやりを持ちたい、愛を持って接したい、人を大事にしたい、その人の立場になって考えたい、やさしくしたいと本能は思っている。それが人として正しいことだと知っている。これは、宗教心とは無関係に、人間なら誰しもが持っている基本的な心理だ。

ところが、何かのきっかけで、本来ある人間の真心を曇らせ、人を人として見る原則を意志が裏切ることがある。

これを解き明かしたのがアービンジャー・インスティチュートが提唱している有名なＢＯＸ理論である。

この理論を、簡単に説明すると、こういうことだ。

若い夫婦に子供が生まれた。生まれたばかりの子供だから、二時間おきにミルクをやり、ぐずるのをあやし、おしめを替え、次のミルクの準備をする。奥さんは甲斐甲斐しく子供の世話をし、夫もよく手伝った。ところが、二人ともだんだん疲れが溜まってくる。奥さんは、産後で体力が落ちている。夫も、仕事と育児で疲れ切っている。

そんなある日の夜三時、子供がぐずっているのに奥さんは疲れ果てて熟睡。そんなとき、先に夫が目覚め気づいた。自分も疲れているけど、まだ体力がある自分がせめてこの一回だけでもやれば、奥さんは三時間ぐらいまとめて眠ることができる。本当はそうするべきだと本能ではわかっている。だけど、意志がその邪魔をする。

一瞬、「面倒くさいな、眠いな」というマイナスな感情が生まれ、本来の人間としての在り方を意志が裏切ったその瞬間に、人間は箱に入るのだという。

箱というのはアメリカ人的な発想なので、私はあえて、「鎧を着る」と表現している。鎧を着るとは、つまり自分をガードするということだ。

奥さんは、何も変わらずそこでただ寝ているだけなのに、自分のマイナスな感情に打ち勝てずに、人間本来の在り方を裏切った段階で、自分を正そうとするようになる。つまり、奥さんに対して自己正当化の攻撃をするのだ。

勝手に自分で裏切っておきながら、「俺には仕事があるんだ。育児をするのは、母親の役割だから、これは役割分担だ」と、無理に自分を正当化する。そして、疲れ切っている奥さんを「おい、泣いているぞ」と足でけって起こすわけだ。心の中では、「本当は俺がやるべきだ」とわかっている。わかっているけど自分で自分を裏切ったことを認めるのはつらいし、本来よくないことは知っているので、鎧を着て自分を守り、正当化するため槍で相手を突く。

すると、攻撃された相手も、防御しなければいけない。やむを得ず鎧を着て、槍で応戦し始める。

このように、みんながみんな、自己正当化の鎧を着て仕事をしているのがいまのほとんどの会社である。

だからみんな人間関係で悩むのである。みんな誰も、人を傷つけようと思っているわけではない。基本的にはやさしい善人ばかりなのに、なぜこう傷つけ合うのかというと、きっかけは本能への裏切りなのだ。それが悪いとわかっているので、正当化する心理が働くからである。

本来、人は、社会のために働くのが好きである。人のために働くのが好きである。

これは人間の持って生まれた特性なのだ。しかし、いざ社会に出たらみんな鎧を着ている。

そうすると、コミュニケーションをしても、お互いに鎧を着て、切っ先を相手に向けながら自己正当化のためのコミュニケーションをしているので全然うまくいかない。コミュニケーションでは解決できないのである。

まさに、鎧を着ているとはフローが阻害されている状態である。フローになるためにはまず、鎧を脱がなければならない。

たとえ突かれたとしても、鎧を脱いでいるほうがずっと気分がよいことを知ろう。人間とは本来そういうものなのだ。

実は、鎧を着込んで、槍で突いているほうが苦しんでいるんだということを知ろう。こちらが正当化の攻撃をしなくなれば、相手も槍を置き、鎧を脱ぐのである。それこそが Flower の集まる真のフロー組織になる。

《取り組み事例⑧》ANA、CAたちのフロートレーニング

航空業界初の女性取締役となったANAの山内純子さんとあるきっかけで知り合い、私の辻メソッドDVDにも対談相手として登場いただいた。その山内さんに私のフロー理論の話をすると、彼女がトップを務めるANAの客室本部でトレーニングを導入したいと……。アジアナンバーワンの航空会社を目指すにあたってお客様と触れ合うCAのホスピ

タリティやそのＣＡを束ねるリーダーたちの人間力はもちろん優れたものが要求される。そんな中、一年間にわたって客室本部数千人をマネージメントするトップリーダーたちのフロー・トレーニングをさせていただいた。リーダーになれば揺らぎやとらわれが生じる機会は必然的に増える。まずはフロー状態でいることの価値を自身で気づいてもらうことが必要で、フロー状態により元気でかつ結果を出しているスポーツ選手やチームのＤＶＤなどを見ては、自分たちの業務や日常においてフロー状態がなぜ必要なのかをよく話し合った。

次第に価値を理解するようになると、フロー状態でいるためのライフスキルを身に付けたくなる。思考や言葉の選択を実施しフロー体験を仕事の中でも増やしていく。選ばれた八名でのトレーニングなので、自分だけでなく積極的に習ったことを自分の部署の課員やＣＡに実践してくれた人もいる。ポジティブワードを順番に言う言葉の選択や連想ゲームなどの右脳の血流を維持する働きかけをやっていると報告してくださる方もいる。得た知識をなるべく意識化し、繰り返していただくために、宿題を頻繁に出してメールでのやり取りをしつこいくらいに続けた。

たしかに、フロー状態で生き続けるのはやはり難しい。しかしフロー状態で生きる自分をつくり出すために、知識で終わらせずスキル化し身に付けていく（脳に付けていく）ことは自分自身のためであると同時に、それが会社のためにもなるのだという知識と意識が必要だ。

一年間のトレーニングを受けた後の感想を以下に紹介する。

Aさん：年間を通じ、一番感じたことは「この研修を受けて良かった」ということです。勤務年数、人生経験も長くなり、仕事や生活においても自分なりの考え方・信念を持っていましたが、研修を受けることによって新たな視界が開け、不足がちな言動に気づかされたり、信念への裏付けがされるなど、新しい発見の喜びがあり、「目から鱗」と感じさせられました。その結果、フロー状態をキープし、身に付けようと意識している自分に時々気づくことがあり、このことは部下にも少なからずよい影響が出ていると確信しています。教えていただいた、パート、パートを毎日思い出しながら、これからも〝Keep Flow〟を実践してゆきたいと思います。先ほども長期社員発令式の挨拶で、ポジティブワードを組み込んだ〝応援〟メッセージを送ったところです……。

ありがたい言葉をいただいたが、ANA客室本部がフロー組織になることを願ってやまない。こちらこそ、私のフロー理論を組織に取り入れ、トレーニングの機会を与えてくださったことに心から感謝する。

《取り組み事例⑨》デザインフィルが目指すフロー・カンパニー

これからの豊かな生活をデザインするというコンセプトをかかげた社員一〇〇名強の優良企業、デザインフィルのメンタル・トレーニングを継続的に行っている。社長自らがすべてのトレーニングに参加し、社内全体にフロー理論を浸透するべく工夫している。毎月マネージャークラス以上の方々に集まっていただき、フロー状態の価値、社会力の育成のヒント、そしてコーチ力とは何かを一回三時間程度忙しい業務の合間に社内会議室に集まりトレーニングしている。フローの価値を次第に日常や業務の中で体験しながら学んで行っているという感覚を感じるが、まだライフスキルを身に付けるプロセスにしんどさを覚えている人もいる。フロー状態は増えたが、どんなパフォーマンスに結びついているのか、どんな結果や目標につながるのかを理解して腑に落ちている方はまだまだだ。

しかし、マネージャーたちが、部門のメンバーがフロー状態で働けるための工夫やライフスキルを身に付けていくための仕掛けなどを、会社として取り組んでいきたいと熱心に話し合い、次第に変化してきたと感じる。会田社長の考えとして、「働く」とはお金だけをもらい続けているのではなく、永い人生の中、会社で働くからこそ身に付けられるライフスキルの修得に価値があるのだという。そして、デザインフィルという会社ではそれが実現するのだという社風形成に真剣だ。日々の業務の中にライフスキルの育成やフロー・キープのためのルーティーンが存在し、まさに会田社長が考えられている日々の労働環境の中で社会力やコーチ力といった人間力を学んでいける会社である。たとえば、デザインの会議では、右脳の血流をよくするためのイメージのイエス・ノーゲームを年間を通して必ず行っていくことなどだ。

このようなフロー・カンパニーとしての風土が形成されれば、社員は毎日フローで働くから元気であるばかりか、当然パフォーマンスも向上しふさわしい結果がよりやってくることになる。会社で扱うステーショナリーなどの商品一つ一つにもフローの思いが宿るだろうし、それはお客様にも伝播する。さまざまなデザインが「揺らがず・とらわれず」のマインドで遂行されていけば、社員・会社だけでなく間違いなく社会全体にフローのメッセージを放つ会社となることだろう。世界に通用するデザイン界のフロー・カンパニーづくりを一緒になってお手伝いさせていただいていることに誇りすら感じている。

あとがき……フローな組織が未来をつくる

フローな組織をつくることは容易なことではない。ただ、私がお付き合いさせていただいている企業にある共通項は〝真剣〟だ。間違いなく、会社のことを真剣になって自分目線で、自分事として社長はもちろん人事担当者たちが考えているように思う。どうやったら社員がフロー状態で生き、働き、ハイパフォーマンスになって元気と結果を得られるのかと、本気だ。いかにして社員たちが知識にとどまらず、ライフスキル＝脳力を身に付けていけるのか、長期のビジョンで考えている。

しかし、いろいろな企業があることも知った。カリキュラムのない講座は信用できないとか、すぐに結果の出るテクニックでなければ不要だとか、そんな理論は知っているのでいらない、脳力の定量化ができないので効果を判定できないから取り組めない、フロー状態よりもとにかく結果だなど、いろいろな意見をいただいた。それも企業論理からすればすべて一理あるのだろう。ただ三年後、五年後、そして未来のあなたの組織は本当に大丈夫だと言えるのですかと、こちらも反論したくなる。

ミッションの共有や目標に情熱を感じるように話し合い、ビジョンをともに形成していくこと、精神的ルールになる企業理念を遵守すればなぜ社員としてよいのかなどをディスカッションすること、これらがフローな組織になるためには必須なのだが、後回しになっていないか？　そんな時間や余裕はないと言ってしまってよいのだろうか？

企業は人の集まりだ。人には心がある。だから時間や余裕がないと言って後回しにできるものではない。人をコマとして考える発想ではマネージメントしか生まれないだろう。リーダーシップという脳力はそんな企業では決して育たない。人はコマではない。生きているのだ。タスクとその人の価値を分けて接しない限り、フローはやってこない。そしてすべてのタスクには心要素が介在しているはずだ。コーチ力を身に付け支援の力がなければ人は動かないのである。そして、いま企業のみならず社会全体で多くの人が鎧を着てニセのコミュニケーションを行っている。本来人間の持つ素晴らしい本能・資質を忘れて、正当化の槍を振り回しているのだ。

こんな状態で本当に組織が勝てると思っているのだろうか？　フロー状態のない中で人間は何十年も働き、その組織で結果を出し豊かになることができるのだろうか？

私はスポーツドクターとしてスポーツ医学・スポーツ心理学を学び、辻メソッドを基にしたフロー理論に至った。スポーツは人や組織における心のあり方を知る最適な社会の縮図であり文化活動だ。スポーツの価値を活かし、一人一人をFlowerにし、そしてFlowerの集まる組織や社会をつくり、世の中のＱＯＬ向上に少しでも貢献することが私のミッションだ。ただ、私ができることはわずかである。いまお付き合いさせていただいているキリン、ＡＮＡやジャパネットたかた、ファイザー、トーマツなどの大きい会社やデザインフィルといった本当に優良な中堅企業に対してどの程度お役に立っているのかは定かではない。しかし、このフロー理論を未来の会社と日本のために少しでも導入する企業が増えるきっかけになればいいと信じ活動している。

最後に、私がスポーツ界、ビジネス界、音楽界ですでに実践してきたフロー理論をあらためて書籍という形にして世の中に広く伝えようと提案してくださったビジネス社、そして実際に細部にわたって尽力くださった編集の武井章乃さんに心から深謝いたします。

平成二〇年　秋

辻　秀一

●著者略歴

辻　秀一（つじ・しゅういち）

1961年東京生まれ。北海道大学医学部卒業。慶應義塾大学で内科研修を積んだ後、スポーツ医学とスポーツ心理学を専門とし、スポーツドクターとなる。現在、エミネクロス代表としてさまざまな人のQOL向上をテーマに辻メソッドによるフロー理論を展開。個人や企業に対し産業医やカンパニーチームドクターとしてカウンセリングやメンタルトレーニングを行っている。クライアントはプロスポーツ選手やチームだけでなく、音楽界、ビジネス界、教育界など多方面にわたる。講演会は年間100回以上。主な著書に『スラムダンク勝利学』（集英社インターナショナル）、『人のためになる人　ならない人』（バジリコ社）、『弱さを強さに変えるセルフコーチング』（講談社＋α新書）、『心の力コーチング』（講談社）、『仕事に活かす集中力のつくり方』（ぱる出版）など多数。NPO法人エミネクロス・スポーツワールド代表理事。
http://www.doctor-tsuji.com/

フロー・カンパニー　飛躍し続ける個人と組織に生まれ変わる法則

2008年11月17日　1刷発行
2014年4月1日　4刷発行

著　者　辻　秀一
発行人　唐津　隆
発行所　株式会社ビジネス社
〒162-0805　東京都新宿区矢来町114番地　神楽坂高橋ビル5階
電話　03(5227)1602
http://www.business-sha.co.jp

〈編集協力〉太田　さとし
〈カバーデザイン〉金子　眞枝
〈本文DTP〉エムアンドケイ／茂呂田剛・野口智美
本文印刷・製本／凸版印刷株式会社
カバー印刷／近代美術株式会社
〈編集担当〉武井章乃　〈営業担当〉山口健志

ISBN978-4-8284-1460-7